早川誠

代表制という思想

選書〈風のビブリオ〉1

風行社

はじめに

代表制というテーマは堅苦しいが、もっと噛みくだけば本書は次のような主張への疑問からはじまっている。

政治家は信用できない。
政治は民意を反映していない。
決められる政治を実現しなくてはならない。
市民が政治の主役だ。
今のままの議会など不要だ。
民主主義は最高の政治制度である。

一見して、どれも当たり前の主張に思える。だが、職業政治学者の私としては、これらが正しいとなんの迷いもなく断言できるほどの確信はない。はっきりいえば、よくわからないという思いのほうが強い。

だから、時々明快に答える人に出くわすと、疑ってみたくなる。今の日本では、政治家は信用できないという人は多いし、民意の重要性を強調する人もいる。そういう人に出会うと、「僕は政治家を信用しているのだけれど」とか、「民意なんて本当にあるの?」と聞いてみたくなるのだ。

逆も同じで、政治家を信用している人には「政治家のどこを信用しているの?」と聞きたいし、民意の愚かさを説く人には「民主主義を否定するっていうことですか?」と問いかけたくなる。

この本は、私のそうした迷いや疑問を、学問の言葉を利用しながら表現しようとしたものだ。なぜ迷っているかを説明しなければならないから、話が長くなったり入り組んだりしているところも多い。切れ味鋭い研究者の論文を読んだときの爽快な感じは、おそらくここにはない。

しかし、もともと政治の世界は複雑なものなのだから、書かれていることが入り組んでいても悪くないのではないか、とも思う。有能な研究者なら複雑なことをわかりやすく説明できるものだとよくいわれるが、どんなにわかりやすく説明できても研究対象そのものの複雑さが消え去るわけではないだろう。

できれば、あちこち回り道をしながら考え考え書いている私の思考プロセスに、のんびりとついてきていただきたい。たくさんの人が影響を受ける政治がテーマである。時間と手間をかけてかけすぎることはない。私はそう考えている。

【目次】

序章

代表制は必要悪か?

時代遅れの代表制？

この本のテーマは、代表制民主主義である。あるいは、議会制民主主義や代議制民主主義、または間接民主主義といってもよい。厳密にいえばこれらのあいだには違いもあるし、「民主主義」についても「民主政」なのか「民主制」なのか、それとも片仮名の「デモクラシー」を使うのか、といった議論もある。だが、当面はそうした違いにこだわらず、これらを一括りにして考えてみることにしたい。微妙な意味の違いやそこから生じてくる問題点については、あとでまた検討する機会があるだろう。

ところで、なぜ代表制民主主義というテーマをとり上げなければならないのだろうか。わざわざこんな疑問を差し挟むのは、このテーマを時代遅れだと感じる人が多くなっているように思われるからだ。

日本では一九九〇年代以降政治改革が実行され、二〇〇〇年代には自民党と民主党のあいだで本格的な政権交代が実現している。それにもかかわらず、有権者の政治家に対する不満が解消することはなかった。とすれば、代表制の改善についてあきらめムードが漂うのも無理はない。市民参加なり街頭デモなり、代表制の枠の外で政治を変えていく動きが注目されるのも当然だ。建設的な議論の焦点は代表制を越えた政治改革、いわゆるポスト代表制へ移行しつつあるとみるべきかもしれない。

代表制と規模

だが、本書はそれでも代表制民主主義をテーマとして掲げている。それには、いくつかの理由がある。第一の理由は、代表制民主主義に対する批判が必ずしもフェアではないのではないか、ということだ。代表制を歴史的・思想的にみた場合、現在私たちが代表制に期待しているものとは異なった機能や役割が割り振られていた、ということはないだろうか。代表制批判がまちがっているというよりも、代表制批判は的はずれなのではないか、と筆者には思えるのである。

一例をあげよう。代表制民主主義についての教科書的な説明でよくみられるのが、規模を理由とした代表制擁護論だ。それによると、民主主義が花開いた古代ギリシアのアテネでは、もともと立法機関である民会に全員が参加する直接民主主義が採用されており、これこそが民主主義の純粋形であった、とされる。

それにもかかわらず、近代以降の民主主義では間接制が主流となった。人口が少なかったギリシアの都市国家とは違って、近代以降の主権国家では人口も増えて領土も格段に大きくなっている。全員参加の集会は現実的ではない。また広い領域の多様な利害について十分な理解を求めるというのも、市民にとって負担が大きすぎる。したがって、代表者たる政治家、議員を選出し、その議員による会議を軸として政治を運営していくしかない。

この手法は、人民がみずから政治にかかわっていないという点では直接民主主義とは異なるかもしれない。だが、人民自身が代表者を選び、場合によっては罷免するということであれば、人民は代表者を媒介として政治に参加しているといえる。間接的にではあれ参加している以上、民主主義と呼ぶことに大きな問題はない。このような議論が、現代に典型的にみられる、規模を理由とした代表制民主主義の擁護論である。

現代は民主主義全盛の時代である。それ以外の政治体制や政治思想を正当化することは困難だ。したがって、もし実現可能な民主主義が代表制でしかありえないのならば、代表制民主主義を採用しているかどうかは、正しい政治を理解し実践しているかどうかの絶対的な基準といってもよいかもしれない。

だが規模の議論からあきらかなのは、それほどの重要性にもかかわらず、代表制民主主義はせいぜい直接民主制の便宜的な代替物にすぎないと考えられている、ということである。つまり、規模さえ小さければ直接制を実施できるが、規模が大きいと現実には不可能なので仕方なく代表制民主主義が採用されている、ということになる。

実際、第二次世界大戦後に導入された日本の民主主義でも、上記の理由で代表制が採用されている。一九四八（昭和二三）年と一九四九（昭和二四）年に上下巻で刊行された文部省著作教科書の『民主主義』（径書房、一九九五年）には以下のような記述がある。

前にも言ったように、その根本の精神からいえば、民主主義にはたゞ一つの種類しかない。しかし、政治を民主的に行うための手続きには、二つの型がある。その中でも、広く行われている型は、「代表民主主義」とよばれる。国民の大多数は、会社に勤めたり、田を耕したり、台所や赤ん坊の世話をしたりしなくてはならないから、公の事柄に対してはその時間と精力の一部分をささげうるにすぎない。そこで、かれらは、国会や、市会や、その他そういう政治上の決定を行うところで、自分たちを正当に代表できる人々を仲間の中から選ぶのである。これに対して、もう一つの型の民主主義では、国民の意見は、代表者を通さないで、直接に政治上の決定の上に示される。すなわち、法律を決めたり、大統領を選んだりするのに、国民の直接の投票を行うというやり方である。これを普通に「純粋民主主義」という。

これは第一章の「民主主義の本質」からの引用だが、もう一か所引用しておこう。第三章「民主主義の諸制度」からである。

直接民主主義は、国民の意志によって直接に立法の問題を決定しようというのであるから、民主主義としては最も徹底した形である。けれども、他方からいうと、立法の問題はなかなか複雑でむずかしい。しかるに、国民の多くは、決して法律のことに詳しいとは言えない。そのむずかしい立法の問題を、法律の知識を十分に持たない国民が直接に投票して決めるということになると、気まぐれや偶然によって事が左右されるおそれがある。そこが、直接民主制について議論の分かれるところである。いずれにせよ、国民の政治常識が相当に高まった上でなければ、直接民主主義を実施しても必ずしもよい効果は望めないであろう。

これらの議論からうかがえるのは、「根本の精神」を反映した「最も徹底した形」とは直接民主主義のことであり、代表制の採用は次善策にすぎないという意識である。

しかしながら、代表制とは本当に直接民主制の代役にすぎないのであろうか。引用した『民主主義』でも、第三章部分には少し違ったニュアンスがふくまれているように思われる。というのは、もし「決して法律のことに詳しいとはいえない」国民の「気まぐれや偶然によって」ことが左右されるおそれ」があることを直接民主主義の欠点とみるのであれば、代表制には直接制にはない固有の長所があるということになるからである。つまり、政治について一定水準以上の知識と判断力をもった代表者に任せることができる代表制のほうが、直接制よりも本質的に望ましいということになる。

実際のところ、代表制に固有の価値を認める議論は、代表制を便宜的な必要悪と考える議論と並んで、連綿と続く伝統を有している。アメリカ合衆国の民主制について論じたマディソン（アメリカ合衆国建国の父の一人で、第四代大統領でもある）の議論はその典型だろう。マディソンが『ザ・フェデラリスト』の第一〇編で記したところによれば、大規模な領域をもつ政治単位での民主制は、代表制を採用することによって派閥の支配から解放される（『ザ・フェデラリスト』斎藤眞・中野勝郎訳、岩波文庫、一九九五年、原著は一七八八年）。

マディソンは、少数の市民がみずから集まり統治する社会を「ピュア・デモクラシー」と呼び、これを「代表という制度をもつ統治構造」である「リパブリック」（共和政）と区別している。名称こそ異なっているが、直接民主制と代表制民主主義の区別に対応すると考えてよい。そして、ピュア・デモクラシーの欠点は、「共通の感情あるいは利益が、ほとんどあらゆる場合に全員の過半数のものの共鳴するところ」となってしまう点にあるとされる。

過半数の支持が得られるのなら民主的な決定として問題などないではないか、と思われるかもしれない。だが、マディソンにとっては違う。なぜなら、マディソンにとって派閥とは、「全体中の多数であれ少数であれ、一定数の市民が、他の市民の権利に反する、あるいは共同社会の永続的・全般的利益に反するような感情または利益といった、ある共通の動機により結合し行動する場合、その市民たちをさすもの」だからである。

民主的な決定であるためには、多数によって支持されているだけでは十分ではない。多数が力をもてば、「弱小の党派や気に入らない個人は、これを切り捨ててしまうという誘惑」に逆らうことができなくなってしまう。マディソンにとって代表制とは、この誘惑に対処するための装置にほかならない。

では、代表制はどのようにしてこの問題に対処しているのか。第一に、「世論が、選ばれた一団の市民たちの手を経ることによって洗練され、かつその視野が広げられる」ことによってである。しかも、この解決法は領域の広い共和国で用いられる方が効果が高い。なぜなら、大きな共和国では豊富な人材のストックがあるし、くわえて、政治家が多数の市民とじかに接触して不正をおこなうことは困難だからである。

また第二に、代表制はピュア・デモクラシーよりも広大な領域で実現可能なので、「党派や利益群をいっそう多様化させれば、全体中の多数者が、他の市民の権利を侵害しようとする共通の動機をもつ可能性を少なくすることになろう」。いわば社会の多元性を極大化することによって、特定の利害関係が優遇されることを防止する（現代であれば既得権批判を思い起こせばよい）のである。

マディソンの議論で重要なのは、市民が直接参加したとしても必ずしも直接民主主義が掲げる目的（民意の反映）が実現されるとはかぎらないとみなされていること、そしてその問題に対処するためには制度的な工夫が必要だと考えられていることである。

政治家が信頼できないのであれば信頼できる国民自身が政治をおこなえばよいという考えは、代表制が直接民主主義の次善策で、本来の主人公たる国民はつねに信頼できるという〝直接民主主義の神話〟ともいうべき前提から引き出されるものにすぎない。直接民主主義が本来望ましいと考えるならば、代表制を放棄した先に残るのは直接制であろう。しかし、直接民主主義にも欠陥はあるとみるならば、すぐに代表制を放棄するという話にはならない。

またマディソンの議論に対して、「現代政治では、情報メディアや教育の発達により国民の資質は向上しているから、代表制のメリットは相対的に減少している」と反論することも、さほど有効ではない。マディソンの議論は、代表者の善意を期待できないケースにおいても有効であるように工夫されている。それに対して、直接民主主義の擁護論が、有権者に関してのみ単に資質の向上という議論だけで満足するのであれば、あまりにも素朴にすぎるだろう。

代表制に、直接民主主義と異なるどのような特性や機能があると考えられてきたのかは、いずれまた本書のなかで何人かの思想家を検討しつつ論じていくことになる。ここではひとまず、代表制を次善策や必要悪として理解する方向性とは異なる思考の道筋がある、ということを確認するにとどめたい。そして代表制民主主義をとり上げる第二の理由に移ろう。

民主主義は政治のすべてか

第二の理由として、代表制民主主義よりも直接民主主義の思想や制度、運動を高く評価することにより、政治の重要な側面が見失われる恐れがあるという点が挙げられる。

先に述べたように現代は民主主義全盛の時代である。民主主義こそが正しい政治であり、民主主義からの逸脱はまちがった政治であるとされる。

しかし、政治は民主主義に尽くされるものだろうか。たとえば、現代の代表制批判でしばしば聞かれるのが、リーダーシップの不在という問題である。近年の日本の総理大臣は、短期間で交代することが多く、政策実行力も長期ヴィジョンの策定能力も期待できない。〝決定できない政治〟への失望感は高まっている。

そうであるならば、国民みずからが政治にかかわり、迷走する代表制の動きを正しい方向へ導こうという代替案が生じてくるのも無理はない。のちに検討するが、直接民主主義的制度として構想されている首相公選制に関する議論は、こうした意識の現れと考えられる。
ところが、直接民主主義を採用すればリーダーシップの問題が解決するかといえば、ことはそう単純ではない。国民全体が統一した見解をもっているのであれば話は早いが、そうでなければ多様な意見をまとめるプロセスがどこかで必要になるからだ。

二〇世紀イギリスを代表する政治理論家であったバーナード・クリックに『政治の擁護』(*In Defence of Politics*, Continuum: 5th edition, 2005. 入手しにくいが、初版をもとにした翻訳に、前田康博訳『政治の弁証』岩波書店、一九六九年がある)という著作がある。そのなかで目を引くのが、「民主主義に対する政治の擁護」と題された第三章だ。民主主義を政治の正しい形と考える立場からすれば、両者を対立させるクリックの表現は不可解である。だが、クリックはなにも民主主義が不要だと論じているわけではない。

クリックにとって政治とは、「共通の統治のもとにある領域的単位のなかで、異なる諸集団、つまりは異なる利害と伝統が同時に存在しているという事実」(第一章)から生まれてくるものである。政治はたしかに異なる利害をまとめて秩序を維持するものだが、まとめるために各利害が否定されてしまっては、そもそも政治の必要すらなくなってしまう。したがって、多様性を認めない専制や全体主義体制は、クリックにとって政治から一番縁遠いものである。

民主主義こそそのような多様性を実現するための政治思想・制度ではないか、と考える人もいるかもしれない。だが、クリックの議論の興味深いところは、多様性の事実を尊重するということに関して、民主主義が必ずしも完璧であるわけではないと論じていることにある。

特に、いわゆる人民主権論*に対するクリックの批判は厳しい。問題は、人民主権が多数決型の民主主義と組み合わされた場合、それが民主主義による正しい問題解決方法であると主張されるがゆえに、全員一致が強要されて、多様性と自由が抑圧されてしまうことにある。つまり、「民主的な人民主権論は、既知のあらゆる文明社会が本来多元的で多様であり、それが政治を生み出す種子や根となっているという基本的な認識を脅かす」のである。

したがって、政治が実現されるためには、単に民主主義であるだけでは十分ではない。民主主義には、「政治的な民主主義」があるのと同様に、「全体主義的な民主主義」もあるのだから。

多様性**の認識は、クリックにみられるような政治観にとって決定的である。多数決型民主主義においてさえ少数意見の尊重が繰り返し強調されるのは、社会における人びとの見解の多様性を私たちが認めているからにほかならない。だがそうであるならば、〝決定できない政治〟を脱するために、代表制よりも直接民主主義のほうが望ましいとは簡単にはいえなくなる。代表制を直接制に変えてみたところで、意見の多様性が消滅するわけでも減少するわけでもないからである。

むしろ、選挙や政党内での論争を通じて多様な見解から統一的なヴィジョンを導き出す一連の仕組みを有した代表制のほうが、制度的な意味では、より工夫された民主主義の形であるともいえる。この点では、代表制は直接民主主義の改良版といえるのかもしれない。

多様性をまとめていくために、人民とリーダーとの関係をどのように考えるのか、指導層が人民に対してどのような権力をもちどのような場合にそれが抑制されるべきか、民意の多数に逆らうことがかえって人民全体の利益を増進することがあるか。これらの、純粋な民主主義にとっては不純な問題、それにもかかわらず政治においては問われなければならない問

＊　政治的な決定の権限は、究極的には人民に属するという考え方。政治共同体が人びとの契約によって成立するという社会契約説とも結びつく。君主主権と比較して民主的な考え方とされる。クリックは、一般的には民主的と思われているこの議論が、皮肉にも非民主的な働きをみせることがあると指摘する。

＊＊　政治学では、しばしば多元性や多元主義という言葉も用いられる。ハンナ・アレントは人間の多様な現れが政治という独特の活動を生み出すと主張した。また、二〇世紀アメリカ政治科学の文脈では、多元的な集団の競争が民主主義の根幹をなすと主張された。自由論の分野ではアイザイア・バーリンが価値多元論の立場から自由の価値を擁護し、現代リベラリズム論の出発点ともいえるジョン・ロールズの議論では社会の「穏健な多元性の事実」が重視される。ニュアンスや具体的内容は異なるが、政治の場がひとつの価値や集団によって占められてはならない、という主張は現代政治学の基本的知見のひとつといえる。

いに関心をよせ続けてきたのが代表制民主主義だったのである。

〝危機〟を生きる代表制

しばしば〝代表制の危機〟ということがいわれる。この表現には、代表制がうまく機能していた時代が過去にはあった、というニュアンスがふくまれている。だが実際には、代表制はつねに危機のなかにあった。

社会契約論の代表的論者であるJ・J・ルソーは、「一般意志は代表されない」として代表制を批判し直接制を擁護した。カール・マルクスは『ルイ・ボナパルトのブリュメール一八日』で、代表者と代表される者が議会内と議会外で分裂し、結果として代表制が崩壊する過程を描き出した。二〇世紀に入ると、カール・シュミットやハンナ・アレントといった思想家も、ワイマール共和国や全体主義の経験をもとに、代表制が危機に瀕する様子を描き出している。「代表制はその生誕以来、つねに何らかの危機にさらされ続けてきた」のである（宇野重規「代表制の政治思想史：三つの危機を中心に」東京大学社会科学研究所『社会科学研究』五二巻三号、二〇〇一年）。

しかしながら、それは、必ずしも代表制の欠陥を示すものではない。あえて不純な問題にとり組んできた代表制にとって、危機はむしろ創造のインセンティブであった。危機がつねに意識されていたからこそ、それを乗り越えるべくさまざまな改善（結果的に改悪であったかもしれないが）が繰り返されてきた。代表制論には、多種多様な政治課題を考察するための豊富な議論の蓄積がある。できの悪さの裏面は、豊富な経験値である、とでもいうべきだろうか。

本書は、直接制に比べて代表制民主主義のほうが優れていると主張するものではない。グローバル化やテクノロジーの高度化のなかで、今までの代表制民主主義では対応が困難な問題が生じていることも事実だからである。直接制的な手法・制度が今後重要度を減じることはないだろう。

本書の主張は、だからこそ代表制民主主義についての豊富な議論の蓄積を活用し、直接民主主義をふくめた民主主義全般への健全な距離感と疑問をもつべきではないか、というものである。そもそも、今や陳腐になったかにみえる代表制であるが、導入当初は新奇で理解することすらむずかしい制度だったはずだ。その、代表制をはじめて知った人の気持ちを想像し、代表制とはいったい何なのか、そこで何が議論されてきたのかを、新たな時代の前にもう一度復習しておきたい。

福澤諭吉は、一八六二（文久二）年のヨーロッパ諸国歴訪を回想する中で、議会制についての戸惑いを率直に記述している。「わからない」が連発されるその文章は、福澤の困惑を示すものではあるが、知らない事柄に遭遇したときの高揚する気持ちを表現しているようにも思える。その高揚、未知の探求へ向かう際のワクワクする感覚を心に留めながら、本論に入っていくことにしよう。

ソレカラまた政治上の選挙法というようなことが皆無《かいむ》わからない。わからないから選挙法とは如何《どん》な法律で議院とは如何《どん》な役所かと尋ねると、彼方《あちら》の人はただ笑っている。何を聞くのかわかり切ったことだというような訳《わ》け。ソレが此方《こっち》ではわからなくてどうにも始末が付かない。また、党派には保守党と自由党と徒党のようなものがあって、双方負けず劣らず鎬《しのぎ》を削《けず》って争うているという。何《なん》のことだ、太平無事の天下に政治上の喧嘩をしているという。サアわからない。コリャ大変なことだ、何をしているのか知らん。少しも考えの付こう筈がない。あの人とこの人とは敵だなんというて、同じテーブルで酒を飲んで飯を食っている。少しもわからない。（『新訂　福翁自伝』岩波文庫、一九七八年、原著は一八九九年）

第一章

首相公選と世論

代表制民主主義を考えるにあたって、首相公選制をめぐる議論から話をはじめてみたい。というのは、日本における代表制批判のなかで、首相公選制が国民の直接的な政治参加の手法として、つまりは直接民主制的な手法として言及されることが多いからだ。

制度の細部については、大統領制的な首相公選制をとるのか議院内閣制的な首相公選制をとるのか、憲法改正の幅をどの程度まで考えるか、などいろいろなヴァリエーションもあるが、ここでは立ち入らない。焦点となるのは、首相公選制が直接民主制的であるといわれる場合、どのような意味で直接民主制的なのか、そしてそれがどの程度妥当な考え方なのか、ということである。

第一節　首相公選制と直接民主主義

現代日本政治においてしばしば聞かれる批判に、民主主義であるにもかかわらず総理大臣を国民自身の手で選ぶことができないのはおかしい、というものがある。日本国憲法第六七条には「内閣総理大臣は、国会議員の中から国会の議決で、これを指名する」と定められており、国民はみずからの投票で首相を選ぶことはできない。総理大臣に選ばれるのは国会議員に限定されており、議決も国会議員によるというのであるから、二重の意味で国民は総理の選出から切り離されているということになる。

首相もふくめて行政府の構成メンバーを立法府から選出する議院内閣制は、アメリカ合衆国などの採用する大統領制と比較されることが多い。大統領制では国会議員が大統領を選ぶわけではないので、議院内閣制よりも直接民主制的であると論じられる。

この点については、アメリカ大統領選挙でも国民が選ぶのは大統領を選ぶための選挙人であり、言葉のそのままの意味で直接民主制ではないという反論もある。ただ、立法府のメンバーと行政府のメンバーがそれぞれ独立した手続きで選出されており、行政府に関しても国民が別途選挙のプロセスに参加しているという点では、これを直接民主制的な制度といっても問題ないだろう。

いずれにしても、日本の総理大臣選出過程では、政党間や派閥間での交渉や取引によって、国民の目の届かないところで国政の最重要人物が決定されている、という不満がくり返し表明されてきた。直近では、小渕恵三首相が病に倒れた後、〝密室〟で森喜朗総理の選出が決定されたとの批判が思い起こされる。

これに対して、首相公選制を採用すれば、国民は直接リーダーを選出することができ、政治家間の取引や談合は一掃される。そのため、政治の透明性を実現する直接民主制的な制度として、首相公選制が有力な改革案とされてきたのである。

さらに、公選制にはもうひとつの論点がある。首相のリーダーシップの問題である。政党間や派閥間の交渉で総理大臣が選出された場合、そこで実行される政策は各方面からの要望を折衷的にとり入れたものになりやすい。リーダーの意向を反映した政策は実現されず、一貫性のない妥協案が政治を動かし、それが政治のわかりにくさをいっそう増幅させてしまう。

これに対して、国民の投票により総理大臣を選出するならば、首相は政党や派閥から独立した国民的支持基盤をもつことになる。したがって、強いリーダーシップにもとづく〝決められる政治〟を実現することができるだろう。

また、政党間や派閥間の交渉で生まれたリーダーは、力のバランスが崩れればすぐに辞任に追い込まれる。細川護熙内閣や羽田孜内閣は功罪の評価はともかく政治改革に前向きだったが、それでも短命内閣たることをまぬがれなかった。近年になっても、第一次安倍晋三内閣、福田康夫内閣、麻生太郎内閣、鳩山由紀夫内閣、菅直人内閣、野田佳彦内閣と、継続したとしても一年程度という内閣が頻出している。

このような状況では、重要政策課題に迅速に対応することはできない。したがって、国民が直接首相を選ぶことにより、堅固な支持基盤をリーダーにあたえ、長期的かつ迅速な政策立案とその実行を可能にするべきだ、とも主張されている。

このように、国民の目の前で、国民自身による透明性の高いリーダー選出をおこない、そのことによって安定した政権運営を実現する。首相公選制は、選出方法においては国民が直接参加することによって、政策面においては国民の意向を直接反映させることによって、間接民主制の弊害を避けようとするものとされるのである。

だが、一見したところ自明のようにも思われるこの首相公選制論には、いくつか慎重な考察を要する点がある。よくとり上げられるのは、本当に首相公選制が問題の解決策となるのか、民衆の表層的な判断によってかえって政治の混乱を招くのではないか、といったいわゆるポピュリズムの問題だが、これもあとであらためて検討したい。

今ここで考えてみたいのは、この首相公選制がそもそも本当に直接民主制的な制度なのか、ということである。たしかに、国民はみずからの手で首相を選んだと実感することはできるだろう。だがそれと、伝統的に論じられてきた直接民主制とは同じものなのだろうか。あるいは、少なくとも同じ意義をもちうるものなのだろうか。この点を、首相公選制論の歴史的な経緯をたどりながら検討してみたい。

その際に、以下のルソーの言葉を覚えておくことにしよう（『社会契約論』第三篇第一五章、中山元訳、光文社古典新訳文庫、二〇〇八年、原著は一七六二年）。ルソーは、しばしば直接民主制のもっとも強力な擁護者とされる。そのルソーの思想から首相公選制はどのようにみえるのか。引用が首相公選制に関してどのような意味をもつかは、追々あきらかにしていきたい。

一般意志は一般意志であるか、一般意志ではないかのどちらかで、その中間というものはないのである。だから人民の代議士は人民の代表ではないし、人民の代表になることはできない。代議士は人民の代理人にすぎないのである。代議士が最終的な決定を下すことはできないのだ。人民がみずから出席して承認していない法律は、すべて無効であり、それはそもそも法律ではないのである。イギリスの人民はみずからを自由だと考えているが、それは大きな思い違いである。自由なのは、議会の議員を選挙するあいだだけであり、議員の選挙が終われば人民はもはや奴隷であり、無にひとしいものになる。

たしかに護民官がときに人民を代表することもあったが、これは［現在の］政府が主権者を代表するやりかたを考えてみれば、理解できよう。法律は一般意志を宣言したものだから、立法権において人民が代表されえないのは明らかである。しかし法律を実行に移すための力にすぎない執行権においては人民は代表されうるし、代表されねばならない。

第二節　首相公選制論の歴史

中曾根案の公選制イメージ

首相公選制が有力な改革案として脚光を浴びるようになったのは、一九六〇年代の中曾根康弘衆議院議員（当時）の提案以来のこととされる。そこで、まずは出発点ともいえる中曾根案の中身をみることからはじめたい（「首相公選論の提唱」『いま、「首相公選」を考える』弘文堂、二〇〇一年所収）。

中曾根は、第二次世界大戦後の日本政治にどのような弊害が生じているか、その原因となる機構上の問題点は何か、というところから話をはじめている。それによれば、当時は主権在民どころか「主権在派閥」ともいうべき派閥政治が蔓延しており、国会のたびに乱闘や暴力が繰り返されていた。解散や内閣改造も多く、政権は不安定で、長期的な視点から政策を断行することも不可能であった。

これらの問題点は、国民の成熟度や政党・政治家の力不足にもよるが、制度上の原因としては議院内閣制があげられている。選挙民は当選を重ねた地元の国会議員が大臣になるよう望むため、いきおい各議員も大臣ポストを求めて猟官運動に力を注ぐことになる。有力政治家は自派閥を拡大させるためにこれら代議士をとり込み、首相就任への足掛かりとする。かくしてポスト争いの主戦場となった国会は政策審議の場ではなくなり、政権争奪を主たる目的とする権力闘争の場に変容してしまう。

こうした弊害はイギリス・モデルの議院内閣制が日本社会に適合しないからだ、と中曾根は分析する。日本人の民族性からしても、冷徹さ・経験主義・合理主義の伝統をもつイギリス型の政治制度は向いていないとされる。また、本来政府を監視すべき国会議員が行政府の役職に就くのでは、政治腐敗を生みだしやすくなってしまう。

以上の諸点から、中曾根は、議院内閣制の廃止と、国民投票による首相公選の導入を主張する。また、中曾根案には重大政策について国民投票をおこなえるように憲法改正を実施するという提案もふくまれている。これらは、「首相公選制を中心とする直接民主主義の採用」（傍点早川）だと述べられ、首相公選制と直接民主主義は直結するものと考えられていた。国会議員ではなく国民が首相を選ぶことがそのまま直接民主主義としての意味合いをもつ、というのが中曾根案の公選制イメージだったのである。

首相公選制に対する批判

中曾根案が出た当時から、賛否はわかれた。ここでは、代表制と首相公選という論点に絞って議論を整理してみたい。

首相公選論を批判する側も支持する側も、派閥政治では民意を反映できない、という問題意識は共有していた。本来は民意を政治の場に伝える〝代表者〟であるはずの政治家がその役割をはたさず、政治家としての都合だけで行動してしまっている。したがって、民意は政治の場から切り離され、有権者は実質的には代表者を失ってしまった、というのが共通のイメージである。

有権者から切り離された代表が首相を選出するのでは、誰を首相に選ぶかという国政の最重要事項について、国民が関与できないことになってしまう。だから、もはや代表者とは呼べなくなった議員ではなく、国民が直接首相を指名する。つまり中曾根案のなかの言葉を使うならば「直接民主主義」が主張されることになるのである。

公選論を直接民主主義と結びつけるのは、腐敗した代表制への強い嫌悪感を考えるならば、ごく自然な流れともいえる。実際に、国民が〝直接〟首相を選ぶという事実もある。しかし、代表制批判の裏返しとして公選制を説くという論法は、別の問題を生み出すことにもなった。というのも、公選制がいかなる意味で直接的な民主制なのか、という論点が表面に出にくくなってしまったからである。賛否の両論に目を配りながら、この問題を考えていこう。

中曾根案に反対の立場から議論を展開した辻清明は、アメリカ大統領選挙が機能している条件としてアメリカ政治の民主的環境をあげながら、以下のように記している（「首相公選論」批判――その意義と危険について」『いま、「首相公選」を考える』所収）。

現在の議会政治を毒している政党の状況が、「首相公選論」を生み出した有力な動機であるが、首相の選挙にあたっても、この状況の再現を防ぐ保証はない。国民の直接予選《プライマリー》といったところで、そのイニシアチブをとるのは、結局それぞれの地方における政党の支部か、それに関係のある特定の政治団体ということになる。

首相の直接予選も、自発的な団体が、全国各地に叢生しうる雰囲気の中でのみ、その本来の効果を発揮する。なぜなら、これらの民間団体が活潑な政治的発言を試みるとき、はじめて首相候補者を選択する主導権が、職業政治屋の手から、国民の手に戻るからである。選挙をはじめ、その他の政治的行事に、有権者がかりだされている状況が消えないかぎり、たとえ直接予選の制度だけを実現してみたところで、国民統合を真に達成する首相が出現しうるとはいえない。

つまり、たとえ首相公選制を導入しても、機能不全を起こしている政党を媒介とせざるをえない状況では、制度の実は得られない。候補者選出プロセスなどをふくめて国民の自発的な参加がなければ、直接民主制は実現されない。首相公選という制度それ自体は、直接民主制の実現を保証するものではない、というのである。

直接制擁護の立場からは、この主張は市民の活動能力を過小評価するエリート主義的見解にみえるかもしれない。だが、公選制が代表制を無用にする万能薬ではないという視点は、実は公選制反対論だけに限られたものではない。鵜飼信成は、政治参加の機会を量的に増大させることで有権者の質的な成熟がもたらされると論じ、首相公選制に肯定的な態度を取っている（「首相公選制論の擁護――その危険と意義について」『いま、「首相公選」を考える』所収）。しかし、その鵜飼もまた首相公選制一辺倒の主張をしているわけではない。

現代日本の最大の危機は、民主主義が生きながらえることができるかどうかにある。この場合、議会制度の腐敗を攻撃するという形で、民主主義への攻勢が始まることに、われわれは十分の注意を払わなければならない。しかし、公選制度の採用に対する懐疑という形でも、同じ精神的基盤が形成されることも、忘れてはならない点である。現に、東京都特別区の区長公選制廃止などはその例である。

こうみて来ると、議院内閣制か首相公選制かという形で、相互に、相手方の民主主義的性格喪失の可能性を、声を大にして叫ぶことは、民主主義一般に対する不信の念を醸成することで、正しい態度であるとは思われない。そのどちらも、アメリカやイギリスで、多年の経験を通して徐々に築き上げられて来たものであり、問題はむしろ、遅れて同じような制度を採択しようとする国々で、どちらの方が、より一層、民主主義的な訓練の場を、国民に提供するかにある。

鵜飼の懸念は、議会を通じた代表制民主主義と、いわゆる直接民主制的制度である首相公選制それぞれの主張者が互いに相手の制度の欠点を攻撃し合うことで、民主主義そのものに対する不信感が醸成されてしまうことにあった。これは、首相公選制が〝直接民主主義〟であり、さらに直接民主主義こそが民主主義そのものだと考える立場からは、やや理解しづらい懸念ともいえる

しかし、鵜飼自身が議院内閣制や首相公選制を「民主主義一般」と区別している意味は、

そして首相公選制もまた「民主主義的な訓練の場」だと述べている意味は、字面に現れている以上に重い。というのも、公選論に賛成する主張でさえ、辻のような反対論者と同様に、公選制という制度の導入だけでは民意の直接的な反映が実現できないと認めていることになるからだ。

辻が首相公選制では民主主義の実質は保証されないと述べ、鵜飼が首相公選制を民主主義一般と区別している意味は、ルソーの直接民主主義理解を参照するとわかりやすい。ルソーは、「真に自由な国では、市民はすべてをみずからの手でおこない、金銭で代用させはしない」と論じた（『社会契約論』、一九〇頁）。つまり、直接民主主義実現の鍵は、〝誰かを選ぶこと〟に市民が積極的にかかわっていくことにあるのではなく、文字通り〝すべてのこと〟に市民がかかわっていくことにあるのである。

この考えにしたがうと、首相公選制は国民が直接かかわっていたとしても直接民主主義ではなく、民主主義の純粋型というわけでもない。端的にいえば、首相を公選するだけでは足りないのだ。辻が首相公選制が適切に機能するための社会環境に注目し、鵜飼が首相公選制と議院内閣制の功罪を相対的に評価しようとするのも、厳密にいえば首相公選制がルソー的な意味での直接民主主義ではないからこそ出現する論点なのである。

公選首相と代表

首相公選制が直接民主主義ではない、ということの意味をもう少し掘り下げてみよう。私たちは、選挙によって選出された議員による政治を間接民主主義と呼び、直接制と区別している。その議員が民意を反映しないために、議院内閣制下で選ばれる首相も民意を反映していないと考えられるようになった。

そこで、首相を選ぶ際に民意を直接反映させる手段として、公選制が唱えられる。首相が国民に直接選ばれるのであれば、国民が直接政治にかかわっていることになる。これが首相公選制を直接民主主義と関連付ける理屈である。ここでは、代表を通じた間接的なリーダー選出ではなく、有権者による直接的なリーダー選出が期待されている。

しかし、直接的に選ばれたリーダーは、直接民主主義の体現なのであろうか。第一節末に記しておいたルソーの言葉を思い起してみよう。ルソーは、執行権、つまり行政府に関しては代表を認めている。他方で、立法権、つまり議会については代表を認めていない。そして、一般的に直接民主制とされるのは後者の立法権について、すなわち法律の作成に人びとがみずから参加する場合についてのことだ。

ルソーにとって立法とは、あらゆる有権者に関連する一般的な活動である。だから立法権は代表されることができない。少数の代表者が集まるだけでは、すべての人を対象とする立法権の一般性が損なわれることになってしまうからだ。

これに対して執行権の仕事は、定められた法律を個別の具体的な事件に当てはめることである。この場合、一般性を旨とする立法権は関与することはできず、また関与することは望ましくもない。なぜなら立法権は個別の事例ではなく政治単位全体にかかわる一般的な事柄を扱わなければならないからである。したがって、行政が扱う個々の事案のレベルでは「人民は代表されうるし、代表されねばならない」のである。

このルソーの区別にしたがえば、首相公選制は、直接民主主義の本体である立法権の問題に触れることなく、ただ執行権における代表の制度を変更したにすぎない、ということになる。

一般的に代表制民主主義は、議会制民主主義と同一視される場合が多い。だが、国民の代表はなにも議員に限られるわけではない。行政権の長が国民の代表となることもありうる。代表制民主主義を議会制民主主義よりも広い概念だと考えるならば、首相公選制もまた代表制民主主義のひとつの形式にすぎないのである。

近代から現代にいたる代表制の思想的基盤を築いたのは、ルソーと同じく社会契約論の始祖のひとりとされるホッブズである。その代表制論全体については第三章であらためて検討するが、ここでの関連で一点だけとり上げておきたいのは、出発点であるホッブズの代表制論でも、代表制が必ずしも議会制民主主義と同一視されてはいないということである。

ホッブズによれば、人びとは、争いあう戦争状態*を脱するために、相互の信約によってひとつの政治単位を成立させる。いったん成立したこの政治単位「リヴァイアサン」は非常に強権的でもあるのだが、強制ではなく同意による成立プロセスをとっている以上、その民主的含意は否定できない。

ところで、ホッブズが「コモン-ウェルス」とも呼ぶこの政治単位は、信約を結ぶ人びとを代表（represent）する代表者（representative）であるとされる。だが、この場合の代表者は議員や議会に限られない。


すなわち、代表《リプリゼンタティヴ》は、ひとりかそれよりおおくかであるにちがいなく、もしふたり以上であるなら、そのときには、それはすべてのものの合議体か一部のものの合議体である。代表がひとりの人であるばあいには、このコモン-ウェルスは**君主政治**であり、それがそこにあつまってくる意志をもつすべてのものの合議体である場合には、それは**民主政治**すなわち民衆的コモン-ウェルスであり、それが一部分だけの合議体であるばあいには、それは**貴族政治**とよばれる。（『リヴァイアサン』水田洋訳、岩波文庫、一九九二年、第一九章、原著は一六五一年）

ここで興味深いのは、民主的な含意をもつ代表制論が、少なくとも理論的には君主制にも貴族制にもつながりうる、ということである。代表制民主主義を議会制民主主義と同一視する立場からすれば、代表制の改革は議会制の改革ないしは議会制からほかの制度への移行と同じであり、議会制からほかの制度へ移行すれば代表制は廃止されたということになる。つまり〝ポスト代表制〟だ。だが、君主制や貴族制もまた代表制でありうるのならば、議会制からの移行は代表制からの移行と同じではない。ポスト議会制の代表制ということもありうるのである。

首相公選制は君主制とは異なる。任期の制限やリコール制度などいろいろな制度的工夫を施すこともできるからだ。だが、ホッブズの議論から我々が思い起こすべきなのは、君主制とは異なるとしても、首相公選制もまた代表制ではあるということである。そうした視点でもう一度考え直すと、首相公選制に対するもうひとつの論点も、新たな色合いを帯びてく

＊ 社会契約論では、契約によって社会や国家が成立する前の段階を自然状態と呼ぶ。自然状態のイメージは論者によるが、ホッブズの場合には、人びとが生存のため互いに争う「万人の万人に対する戦争」が想定されている。これが戦争状態である。

る。

ポピュリズム批判

首相公選制がポピュリズムの温床となる、という批判がしばしば聞かれる。政策立案や実行力に関する判断ではなく、ただの人気投票で首相が選ばれ、衆愚政治に陥ってしまうという批判である。

だが、民主政治とは市民がみずからの政治的行為の帰結に責任をもつことであると考えるならば、人気投票批判は公選論にとってそれほど手ごわい批判にはならない。なぜなら、たとえ衆愚政治に陥ってもそれを自身の責任として受け入れることこそ民主主義なのだ、と反論することは可能だからだ。

むしろポピュリズム批判という文脈でより根源的なのは、公選首相は本当のところ人びとの支持など得ていないのではないか、支持の実体がないのにあたかもあらゆる民意と一体であるかのようにみせかけているだけなのではないか、という問題である。

公選首相は、国民の投票で選ばれるだけに、建前としては国民との高い一体性を誇示できる。だがそれは、国民全員が公選首相を支持しているということではない。代表できる民意の範囲には限界がある。公選首相が国民的支持を背景に議会から独立して強いリーダーシップを発揮できるということは、首相という単一焦点に民意が集約されるからこそ逆におきざりにされてしまう多くの意見が存在するということと表裏一体である。

この点に関連して興味深いのは、二一世紀に入ってからの現在の首相公選制論が、派閥政治や政治腐敗への批判と、強力なリーダーシップによる決められる政治の実現という、ふたつの異なる理由から論じられていることである。

前者の議会制批判では、政治家の職業利益とは異なる市民の意見を反映させることが公選制論の目的であると考えられる。ただし、そのなかにもさまざまな対立や論争がふくまれる。その複雑な民意をあますところなく政治の世界へ伝えていくというのが、ここでの問題意識である。

他方で、強力なリーダーシップの実現というテーマにおいては、首相公選制論はむしろ民意の複雑さを捨象しようとしているようにもみえる。すなわち、民意が分裂している状態では政治が滞るので、相対的多数派に過大な権力をあたえることにより、行き詰まりを突破しようという考えである。そうなると、首相公選制には、前者にみられる民意の反映と後者にみられる民意の捨象という相反する役割が同時に期待されるということになってしまう。以下では、この矛盾を検討してみたい。

第三節　現代の首相公選制論

首相公選制を考える懇談会

密室での選出と批判された森内閣が一年余りで退陣となった後、後継の小泉純一郎首相は「首相公選制を考える懇談会」を設置した。二〇〇二年に提出された報告書には、現在の首相公選制論の論点が網羅的にまとめられている。

森の退陣を受けた二〇〇一年四月の自民党総裁選では、最大派閥の勢力を基盤に有利が伝えられていた橋本龍太郎元首相に対し、自民党各都道府県連が主体の一般党員予備選挙で小泉が圧倒的な支持を集め勝利していた。遊説で掘り起こした国民世論の支持を背景に、〝派閥票〟である国会議員票での不利を覆した勝利であった。そのため、有権者が自民党の党員に限られていたにもかかわらず、国民は公選に近い形での総理大臣誕生を実感することができた。

こうした経緯からすれば、小泉が公選制の検討に入ったのはごく自然な成り行きだったといえるだろう。懇談会には小泉自身も毎回出席し、議論にも参加したという（『首相公選を考える――その可能性と問題点』中公新書、二〇〇二年参照)。

懇談会報告書は、国民による直接の首相指名選挙、議院内閣制の枠内での首相統治体制案、現行憲法枠内での改革案の三案を併記している。だが、本書の観点から興味深いのは、制度設計の詳細よりもむしろ首相公選制導入の理由付けの部分である。

懇談会報告書は、公選制が対処すべき「内閣総理大臣と国民との関係」をめぐる課題には、ふたつのものがあると主張する。

第一は「首相の民主的正統性」の問題である。つまり、派閥の力関係によって首相が選出されているために、国民は首相の選出から切り離されているように感じている。中曾根案でいうところの「主権在派閥」批判が、そのまま現在の首相公選制論議にもふくまれているのである。

第二の問題は、「首相の指導力と内閣の政策統合機能」である。首相や閣僚の頻繁な交代、首相の指導力の弱さ、政策実施能力の不足などがこの問題にふくまれる。この点も、政権の不安定さと政策実行能力の低さという点で、やはり中曾根案で批判されていた論点である。およそ四〇年を経てふたつの首相公選制論が同じ問題を指摘しているのであるから、この間の日本政治にほとんど変化はみられなかったかのようにも思える。

しかし、日本政治もまったく変化しなかったわけではない。特に一九九三年の細川護熙連立政権成立による自民党一党優位制（五五年体制）の崩壊は、一九九五年に自民党が連立政権に復帰したという意味で一時的な変革であったにもかかわらず、ひとつの大きな節目ではあった。

善悪については今でも議論があるが、中選挙区制から小選挙区比例代表並立制へという衆議院の選挙制度の変更も、けっして小さな変革ではない。導入当初に目的とされた安定的な二大政党制が実現されているとはとてもいい難く、また政権交代が政治の内容を実質的に改善しているのかについても多くの疑問がある。それでも、二〇〇〇年代に入って自民党と民主党のあいだで政権交代が実現したという事実は否定できない。

だが問題は、このふたつの首相公選制案のあいだにある改革と変化が、議会制への不信感を払拭するに至らず、かえって首相公選制についての理解の歪みを増幅させてしまった、という点にある。

佐々木毅によれば、国民的人気を博し、強いリーダーシップの実現例でもあるふたつの政権、細川護熙政権と小泉純一郎政権は、まったく異なる意味をもっているとされる。細川政権は自民党の派閥政治に対する批判から生まれた政権だが、基本的には政権や政策の選択を実質化するような改革を目的とした。したがって、議会政治の健全化が主眼であり、首相公選制論はみられず、「議会政治に対する悲観主義とはまったく無縁」であった。

小泉政権もそれまでの政党政治に対する不満から生まれたものであるという点に変わりはない。ただし細川政権後の改革にもかかわらず首相のリーダーシップが強化されたと感じられなかったことで、国民は脱政党化してしまう。政治主導のかけ声は勇ましいが、実際には「国民の政党政治や議会政治に対する期待感は低下の一途を辿《たど》っていた」。小泉政権を迎えるなかで首相公選制へ期待する声が高まったのは、こうした改革への挫折感が理由だったとされる（佐々木毅「首相公選制論と現代日本の政治」『首相公選を考える』所収）。

先にみたように、新旧ふたつの首相公選制案では、対処しようとする問題は基本的に同じであった。派閥政治への不信感と、強いリーダーシップの構築が両首相公選制論の柱である。しかし、時代が異なる以上、両案の政治的な背景も異なっている。では、小泉政権下での公選論で顕著になった時代背景とは何か。それは、首相公選制への圧倒的な期待感であり、さらにその根源にさかのぼるならば、議会制民主主義に対するぬぐいがたい不信感と絶望感である。

すでにみたように、中曾根案当時でも、公選制と直接民主制とのあいだに距離があるという問題点を認識するのは困難であった。しかし、議会制に対する不信感が極度に強い現在では、首相公選制も代表制であるという認識はさらに背後へと退き、公選首相選出過程の直接的な性格のみがいっそう強調されることになる。代表制批判があまりにも強いことで、公選制の本質が隠蔽されてしまうというひずみが生じてきているのである。

二人の「公選型」リーダー――小泉純一郎と橋下徹

議会制民主主義への不信感が首相公選制への期待につながっているとすれば、議会をバイパスする強いリーダーが公選制のモデルとみなされるのは自然である。小泉純一郎首相と橋下徹大阪府知事・大阪市長は、この一〇年でもっとも注目された公選型リーダーの代表例といってよい。

小泉政権では、小選挙区比例代表並立制導入の効果によって中選挙区制のように同一政党から複数の候補者が出馬することがなくなったため、政党による一元的な公認権の管理が可能になっていた。また、橋本内閣以来の行政改革で、内閣官房や内閣府など首相を支える機構も充実していた。小泉自身も、内閣府の経済財政諮問会議を軸に、解散権と公認権、人事権を切り札として、〝強い首相〟を実現させた。周囲の有力政治家や官僚を徹底的に既得権勢力として排除し、郵政民営化を中心とした改革路線に強く踏み込む小泉の姿勢を、国民も支持した。

また、小泉政権下の議会は、いわば実質的な落下傘候補*の集合体となった。〝郵政選挙〟では、選挙区出身の候補であっても、小泉の政策を支持しなければ不利な戦いを強いられた。選挙区との関係と選挙の当落との関連が弱く、首相の政策への賛否が当落に影響したという意味では、小泉政権下での自民党候補者は全員が落下傘候補だったのである。

そして、首相を中心とした政党と有権者の凝集力が、制度改革の結果と相まって、衆議院で与党による三分の二の議席獲得を可能にした。「主権在派閥」のリーダーではなく、国民主権にもとづいたリーダーの姿がそこにはある。民主政治におけるリーダーは、平等な国民のなかから生まれながらも国民を指導する、という矛盾した立ち位置を要求される。だからこそ逆に国民との一体感は政権にとって重要な土台である。その一体感を醸成することに、小泉は成功したのである。

橋下徹もまた同じく公選型のリーダーである。橋下の場合、実際に公選によって選ばれているわけだが、その内実はただ単に制度上そうであるというだけにとどまらない。

自治体首長でも、有権者との一体感がないままに、各政党相乗りの支持で地位に就くことは可能であり、またそうした例は少なくない。だが、橋下は議会での支持よりも有権者からの直接の支持に依拠した政治運営を強調する。

平成二〇年の大阪府知事選挙では、実際には自民・公明両党の支援を受けており、政党政

＊　選挙で、選挙区出身ではない候補者を党が出馬させる場合、落下傘候補と表現される。

治がすべて否定されていたわけではない。しかし基本は、選挙での勝利で獲得した〝民意〟にもとづく強いリーダーシップの発揮と、そこから生まれる〝決定できる民主主義〟が橋下の基本理念である。橋下率いる日本維新の会や大阪維新の会の公約で、首相公選制がうたわれているのもそのためだ。

橋下は民意について、「ふわっとした民意」という表現を用いる。それは、ただ民意の性質を述べた言葉であるというよりも、その民意をどのようにまとめ上げていくかについて、橋下なりの解釈を加えた表現であるといってよい。

大阪府での国歌起立条例に関してホームページで掲載された以下のメッセージには、橋下の民意イメージとリーダー観が色濃く反映されている。「正解がわからないからこそ、政治の判断に委ねるべきではないでしょうか。なぜなら、政治は、その判断を間違えば、選挙という民意の審判を経て責任をとることができるからです。物事のバランスが崩れかけているとき、それを回復させるため、民意をくみ取り、思い切って「重心」を移動させる。それが政治の役割であり、府民の負託を受けた私たち政治家の責務だと確信しています」（読売新聞大阪本社社会部『橋下劇場』中央公論新社、二〇一二年、一六七頁所収）。

橋下にとって民意の「重心」をみきわめるのはリーダーの仕事である。議会のように多様な民意を反映させるだけでは、「正解がわからない」現代政治においてリーダーシップは発揮できない。民意は解釈の素材であって、素材の加工は政治家の仕事である。もし加工に不備があれば、選挙で責任を問う。これが橋下の政治イメージである。

こうした政治プロセスを稼働させるためには、強いリーダーと、リーダーと目的をひとつにする支持集団がなければならない。小泉が「刺客」候補を擁立して作り上げた支持集団と同様の基盤を、橋下もまた「ふわっとした民意」に「重心」をあたえるために重視しているのである。

公選型リーダーは独裁者か？

小泉と橋下は、それぞれが強いリーダーシップを発揮し、有権者から支持を得ることに成功した。だが、その手法に対する反発も根強い。実際、小泉後に続いた自民党政権はいずれも短命に終わり、けっきょく民主党政権への政権交代を許した。また、橋下についても、議会や有権者から寄せられる多様な意見に対して硬直的、独裁的であるとか、ポピュリスト的であるなどとの批判が寄せられている。ただ、小泉や橋下の採用する政治手法が本来的に反民主的なのかといえば、そうともいいきれない。

小泉政権下では、議会が実質的な落下傘候補の集合体になったと書いた。だからといって、小泉が議会の役割を低くみたということにはならない。

選挙区を作る理由のひとつは、有権者にとって身近な問題を深く理解してくれるのが、まずは地元の政治家だと考えられるからだ。だから、議員は第一に地元や近隣の代表者という性格をもっている。

だがもうひとつ考えておかなければならないのは、議員は全国民の代表でもあるということである。第三章であらためて整理するが、政治学では「国民代表」という言葉で表現される考え方だ。

もし議員が身近な有権者の利害を優先して、社会全体の利益をまったく考えないとしたら、議会はもはや統一された政治単位を代表しているとはいえなくなってしまう。議員はいわばふたつの責任を負っている。身近な有権者の利益を知りつつも、議会を形成する政治体全体の利害を視野に入れながら、議論しなければならないのである。

だとすれば、落下傘候補が必ずしも悪いということにはならない。つまり、国民的な支持を獲得した小泉首相の政策に賛成するという形で全体の利益を体現するのが各議員であるのだから、地元の代表者という立場を貫徹できなくても問題はない、という説明は可能なのである。

この問題は、代表制としての首相公選制という論点と連動している。公選首相は、有権者から直接選ばれた国民代表だとも考えられる。しかも、議会制への不信感は現在非常に強い。有権者としては、派閥や政治腐敗に汚されていないリーダーが一貫した政策を提示してくれることで、信頼性の高い代表者を媒介とした政治参加を実現することができる。リーダーと一体となった議会も、派閥間の抗争や合従連衡による有権者無視の政治を脱し、国家全体の利害を考える国民代表型の議会へと脱皮したとみなすことができる。つまり、公選首相という代表システムを通じて、派閥に浸食された議会制民主主義が浄化され、本来の代表制民主主義の機能がとり戻される道筋が開けるのである。

橋下についても、ポピュリストというラベルを貼るだけでは批判にならない。そもそも彼はなぜ単に「民意を尊重する」といわず、「ふわっとした民意」といういい回しを用いるのだろうか。民意がふわっとしているというい方は、まるで有権者が政治を理解していないと非難しているかのようでもある。

だが、日本における議会制民主主義の現状と照らし合わせた場合、橋下のような理解は、首相公選導入の必要性を、うまく説明することができる。議会は派閥間対立によって侵されてこそいるが、他方で各派閥に支持集団がついていることもまちがいはない。結果として民意は、内部に対立を抱え込んだ不明瞭なものとして浮かび上がってくることになる。人びとは民意がなにかを知る術をもたず、さまざまな民意がまるで雲のように輪郭をもたずに存在している。それが橋下のいう「ふわっとした民意」である。

したがって、その民意の輪郭を定め、内容をあきらかにするのは政治家の仕事となる。この場合、公選首相は、自分ひとりの声で民意とはなにかを説明することができるから、民意の輪郭を定めるには好都合である。議会に表現される民意が不明確であればあるほど、公選首相の民意解釈は明確にみえるようになる。それが政治家としての強いリーダーシップを感じさせるのである。

小泉や橋下の政治手法は、しばしばポピュリズムや独裁と批判される。だが、そもそも民意の代表のさせ方は一通りではない。議会制民主主義だけが代表制民主主義ではなく、公選型リーダーもまた代表制民主主義の一類型なのだとすれば、あとはふたつの代表制のうちどちらがより適切かという実質判断の問題となる。その場合に、議会制への不信感が強ければ、相対的に公選型リーダーへの期待が高まる。現在はまさにそのような状況が生じているのであり、その状況への制度的対応が首相公選制の導入にほかならない。

しかも公選型のリーダーは、現代の民主主義一般の状況において、議会制よりも優位な立場にあるといえる。もともと議会制は、貴族と平民のような身分間の対立であったり、資本家と労働者の対立であったりと、明確に仕切られた集団が対立する場合に機能を発揮しやすい。五五年体制下の日本でも、自民党と社会党が保守と革新という明確な対立軸を形成することで、議会制が成立していた。

だが現代政治では、明確に対立する少数のグループのあいだでの競争は生じにくい。人びとの価値観や生活スタイルは多様化し、政治があつかう問題領域も文化や環境、グローバル経済まで拡大しているからである。人びとは、ある集団に所属して規格化された要求をもつというよりも、個人個人で多様な希望や嗜好をもつようになった。

こうしたなかでは、各集団の代表者が議論を戦わせるという議会制モデルは通用しにくい。人びとのあいだでの意見の対立が複雑で入り組んだものとなっているため、それを大きなくくりでまとめて誰かに代表させることはできなくなっているのである。

とはいっても、公選型リーダーもこれらすべての対立する要求を同時に満たすことができるわけではない。というよりも、すべての要求を満たすことが原理的にできない以上、要求の充足は民主主義の目的にはなりえない。公選型リーダーは、さまざまな要求を同時に満たすことで人びとに働きかけているのではなく、その要求を素材として、その政治体にとって意味のある物語を作り上げようとしているのである。

吉田徹は、こうした「ストーリー・テリング」型の政治について、以下のように述べている。「戦後の「利益分配」の政治が、もはや何も分配するものを持たなくなったとき、政治がそれでも国民に支持されようとすれば、それは、国民を包摂することができるようなストーリーによってでしかできない。言い換えれば、これまでの民主主義が前提としていたように、政治家によって国民が「代表」されるのではもはやなく、今の時代においては、政治家によって国民が「表現」されるのである」（吉田徹『ポピュリズムを考える――民主主義への再入門』ＮＨＫ出版、二〇一一年、四九頁）。

吉田がカッコ付きで使っている「代表」と「表現」はともに represent と英訳することができる。代表制民主主義は英語で representative democracy だが、物語を創造するという公選型リーダーの役割を強調するのであれば、首相公選制が実現しようとする代表制民主主義は、本当は表現型民主主義と訳したほうがよいのかもしれない。

代表は無機的な鏡のように民意を反映するのではない。公選型リーダーが代表として行動するとき、意図をもった能動的な創造者として民意を表現する役割を果たすのである。

代表制としての公選制に残された課題

表現型民主主義の時代には、議会よりも公選型リーダーのほうが人びとの理解を得やすい。しかし、新しい代表制のあり方として、そこには大きな問題が潜んでいる。

人気の高かった小泉政権ではあるが、小泉が退いたあとになると、格差が拡大したという批判が強くなった。これは、事実はどうあれ、小泉の「ストーリー」に疑問をもつ人びとが多くなったことを意味する。

だが、自民党から政権を奪取した民主党も、長期政権を生み出すほどの新しい物語を創作することができず、その結果第二次安倍政権へと再度の政権交代を許した。小泉の物語は復活したかのようでもあり、実際小泉人気は今でも高い。せっかくうまくいっていた物語を民主党が中断させてしまっただけであって、挫折しかけた成功の物語がまた復活する、と期待する人もいるだろう。

しかし問題の本質は、個々の物語が成功失敗のどちらであったか、ということにはない。根本的な問題は、物語の政治それ自体の構造にある。というのは、自民党政権下であっても民主党政権下であっても、物語が物語である以上、そこにはストーリーに組み入れられなかった人びとが現実に存在するからである。

物語はどのように展開してもやはり物語である。物語という言葉でわかりにくければ、フィクションであるといってもよい。現代政治は、事実にもとづいたドキュメンタリーというよりも、小説としての性格のほうが強い。

小泉についても、橋下についても、民意を代表する、といういい方がしばしばされる。だが、先に述べたように現代の政治ではさまざまな民意をそのまま代表することはできない。民意がそっくりそのまま政治に反映される〝透明な代表〟は実現不可能なのだ。

政策課題は多様化し、ひとつの政治体内では解決しないグローバルな問題も多く、人びとの意見は多岐にわたっている。だからこそ、物語を作ることが必要になる。しかしそれが物語である以上、民意が表現されたとしても、代表されない民意は残る。民意の表現方法が巧みであるということは、民意のすべてを代表できるということではなく、代表されない民意の重要度を低くみせることができたというだけにすぎない。したがって、議会が民意を代表できていないというのとはまた異なる意味で、公選首相も民意を代表できているわけではないのである。

前節末で述べたように、首相公選制では民意の反映とリーダーシップの強化がともに期待されている。だが現実には、リーダーシップの強化は民意の捨象によって実現されているといってよいだろう。

実際、小泉がどれだけ高支持率を獲得し勝利したとしても、そこには明確なターゲットがあった。「都市部・若年・中年層を中心とした「改革を望む有権者」を惹きつけ」たことが小泉の勝因であり、その勝因を無視したことが後継首相の失敗につながった（菅原琢『世論の曲解――なぜ自民党は大敗したのか』光文社新書、二〇〇九年、七二頁）。つまり、議会の各政党や派閥と同じように、ストーリー・テラーとしての公選型リーダーにも〝顧客〟や〝読者層〟はいるのである。代表しているのはその顧客の意向であって、民意を全体的に代表しているわけではない。

公選型リーダーは議会と違って民意を代表しやすいといわれる。だが、なんの留保もなくそのように断言するのは誤りである。民意をどのように表現するかについては、民意の「ふわっとした」性質に自覚的なだけに、公選型リーダーは巧みである。それにもかかわらず、多様な民意をどのように代表するかという問題を完全に除去することはできない。議会制よりも公選制のほうが原理的に民意を代表しやすいようにみえるとしたら、それは議会制の代表機能に対する不信感がそれほどまでに大きくなってしまっているということの単なる裏返しにすぎないのである。

問題は民意を作り出すことそれ自体にあるのではない。作り出した民意があたかも民意のすべてであるかのようにリーダーがふるまうこと、また有権者の側でもそれが民意のすべてであるかのように受け取ってしまうことが問題なのである。

これは公選型のリーダーにとってまぬがれることのできない構造的な問題である。有権者が物語の有効性を認めなければ、公選型リーダーの登場はない。しかし、創作された物語を信じ切ってしまえば、民主的要素の欠落は著しいものとなる。したがって、首相公選制を適切に機能させるためには、物語の有効性を認めながらそれを疑うという二枚腰の態度が、政治家にも有権者にも要求されることになる。

だとしたら、公選制下でもっとも大きな危険は、リーダーに政治のすべてを任せ切ってしまうことだ、ということになるだろう。議会と違って反対勢力の存在が制度化されていない公選制では、反対論は有権者からしか出てこない。その意味では、ポピュリズムに浮かされた人びとが熱狂的にリーダーを支持してしまう事態は問題の半面でしかない。代表されていない民意をもった人びとをふくめて、参加が積極的になされない状況のほうがかえって問題だともいえる。つまり、首相公選制は、過度に直接民主主義的であるから問題なのではなく、十分には直接民主主義的でないからこそ、問題が多いのである。

第二章

〝デリバレーション〟の意味するもの

第二章では一転して熟議（デリバレーション）の民主主義と呼ばれる潮流を検討する。市民の政治参加と議論を強調する熟議論は、首相公選制論と同じく代表制への批判から生まれてきた。しかし、民意の多様性を物語に吸収しようとする公選制論に対し、熟議論は多様な民意それぞれに発言の機会をあたえようとする。公選制とは異なる角度からの直接制導入の試みとして、熟議の特色と問題点を探ってみたい。

第一節　対立と熟議

熟議の登場

デリバレーションという片仮名語は、私たちにとってあまり聞きなれた言葉とはいえない。だが日本語に訳すと、ここ数年よく耳にするようになった「熟議」という言葉になる。討議や討論、審議などと訳される場合もあるが、特に民主主義理論の分野では熟議が用いられることが多い。

二〇一〇年一〇月の臨時国会における菅直人首相所信表明演説の結びで、「熟議の国会」を目指すと述べられたことを記憶している方も多いかもしれない。該当部分を引用すると次のようなものだ。

本日、国会が召集されました。日本が現在抱える課題を解決し、次の世代に先送りしない責任を、国会議員が協力して果たせるか。国民の期待に応えることができるか。この国会が試金石となります。郵政改革法案、地球温暖化対策基本法案、労働者派遣法改正法案などの審議もお願いすることとなります。私は、今回の国会が、具体的な政策をつくり上げる「政策の国会」となるよう願っています。そのために、議論を深める「熟議の国会」にしていくよう努めます。結論を出す国会になるよう期待します。この場にいる我々を隔てるものは、どこに座っているかではありません。野党の皆さんにも真摯に説明を尽くし、この国の将来を真剣に考える方々と、誠実に議論していきます。そして、何とか合意できないか知恵を絞ります。国民に選ばれた国会議員が全力を尽くし、この国の政治を築いていく。真の国民主権の政治に向け、共に頑張りましょう。

また同じく民主党政権下で当時の鈴木寛文部科学副大臣を中心に開始された「熟議カケアイ」の試みを思い起される方もいるだろう。文科省政策創造エンジン熟議カケアイのホームページでは、教育政策に絡めて熟議を以下のように説明している。

「熟議」とは、協働を目指した対話のことをいいます。

具体的には、下記のようなポイントを満たした、協働に向けた一連のプロセスを指します。

1. 多くの当事者（保護者、教員、地域住民等）が集まって、
2. 課題について学習・熟慮し、議論をすることにより、
3. 互いの立場や果たすべき役割への理解が深まるとともに、
4. 解決策が洗練され、
5. 施策が決定されたり、個々人が納得して自分の役割を果たすようになる

教育を取り巻く様々な状況の変化を踏まえつつ、課題に立ち向かい、乗り越えるための知恵と実行力を生み出していくためには、教育現場に関わる様々な立場の方による「熟議」に基づく教育政策形成を促進することが求められています。

（「熟議カケアイ　熟議とは」：http://jukugi.mext.go.jp/about/）

菅の所信表明演説に関していえば、民主党が政権について以降、公約やマニフェストの実現に苦慮しているという背景があった。鳩山前首相は、普天間問題で県外移設を口にしながらオバマ米大統領との交渉過程では日米合意を踏襲する発言をするなど態度が定まらず、か

えって対立を深刻化させた。

また、二〇〇九年衆院選のマニフェストに掲げられた子ども手当については所得制限を求める声が強く、農業の戸別所得補償や高速道路無料化、ガソリン税の暫定税率の廃止などをふくめて財源問題は党内外の大きな対立点となった。不足する財源のなかで政策を実現するには当初の政権公約の見直しが不可欠とされたが、その可否をめぐる対立を緩和するため、熟議が強調されるようになっていったのである。

熟議カケアイについても、教育政策の領域にかぎられた問題というよりは、意見対立にどのようにアプローチするかについての理念が反映されているとみたほうがよい。たとえば事前審査制に対する民主党内での路線対立は、熟議カケアイの試みと連動している。

自民党政権では、内閣が国会に法案を提出する前に自民党政調会や総務会の承認を必要とするのが慣例だった。これが事前審査制である。

政治主導をかかげた民主党政権は、当初は政策形成を内閣に一元化する方針で、与党の事前承認を必要としないという立場をとった。だが、内閣の役職につかない議員にとって、内閣への一元化は法案にかかわる機会を失うことを意味する。他方、熟議カケアイを促進した鈴木寛や仙谷由人、松井孝治らは、国会での与党議員の質問と審議を通じて法案修正を可能とする「熟議の民主主義」を構想していたという（佐々木毅・清水真人編著『ゼミナール現代

日本政治』日本経済新聞出版社、二〇一一年、一三四頁)。

熟議と議会

第一章では、議会制不信を背景とした首相公選制への期待について検討してきた。熟議もまた、公選制と異なる方向からではあるが、議会制不信に対応する試みといえる。

従来の議会制では、各種利益・各種意見の代表者がそれぞれ自己の利害を追求することに終始し、利益分配の多寡を調整するだけのケースが多かった。逆に、利益分配の資源が枯渇したり、価値観の対立が激化したり、グローバルな調整の必要が生じたりすると、政党間対立や政党内の派閥対立が表面化し、政治は停滞した。

首相公選制は、議会選挙とは別に選出された表現型リーダーの強力な指導力に依拠して、膠着状態におちいった政治の停滞を打開しようとする試みであったといえる。リーダーの指導力を重視するこの解決方法に対して、熟議は人びとのあいだにある対立そのものに働きかけようとする。

首相公選制は、民意を表現するにしても、すべての民意を代表するわけではない。民主的な社会には意見や利害の多様性があるから、民意のなかにある対立をリーダーシップだけで解決しようとするのには無理がある。他方熟議では、対立する利害や意見が一堂に集められる。そして、濃密な話し合いをおこなうことで対立を解消していこうとするのである。

したがって、代表制の観点からすると、熟議は首相公選制よりもラディカルな、つまり根源的な批判となる。というのは、首相公選制は代表制論の枠内で説明できるものだが、熟議は、理論的に突き詰めて考えるのであれば、全員参加の議論、すなわち本来の意味での直接民主制を志向する傾向があるからである。

「熟議の国会」というテーマであれば課題は議会内での熟議に限定されることになる。だが、そもそも国会内で熟議をしなければならなくなったのはなぜかといえば、財源をふくめて今後の政策課題に関する対立が激しくなっているからであって、その対立は議員だけではなく有権者全体におよんでいる。熟議カケアイで、保護者、教員、地域住民など多くの参加が望まれているのも、関係する人びとができるかぎり集まって議論することに意義があると考えられているからである。

ところで、こうした熟議はただの議論や討論とどのように異なるのだろうか。あるいは議論や討論と意味は同じで、一段と真剣さが増しているということなのだろうか。わざわざ本章の題を片仮名にした理由は、ここにある。というのも、外来語の意味（それが用いられている日本以外の政治体で人びとが感じるニュアンス）と、日本語での意味とのあいだに、議論の本質にかかわる重大な違いがあるように思われるからである。

政治理論の研究者からすれば、デリバレーションという言葉には、単なる話し合い以上のニュアンスがふくまれている。日本語の熟議にしても、わざわざ議論や討論という言葉を使わないのであるから、本来そこには看過すべきでない思惑が込められているはずである。まずはその違いをたどることから、熟議と代表制の関係についての考察をはじめてみたい*。

第二節　ハーバーマスの「デリバレーション」

民主主義理論における熟議、すなわち「デリバレーション」（deliberation）という言葉の普及について、おそらくもっとも影響力をもったのが、現代ドイツの哲学者であるユルゲン・ハーバーマスである。

ハーバーマスは、移民問題などで国内の政治的合意が動揺するとともに、テロリズムなど世界共通のリスクによって国民国家の外枠も相対化されつつあるヨーロッパの政治を念頭に置いている。また、主権国家の連合体であるEUのなかでどのように民主的な議論を実現していくかもハーバーマスが取り組んでいる論点の一つである。

この「文化的に同質な住民からなる国民国家モデルからますます遠ざかり、文化的生活様式、民族集団、宗派および世界像はよりいっそう多様になりつつある」（ハーバーマス『他者の受容』高野昌行訳、法政大学出版局、二〇〇四年、一四一頁、原著は一九九六年）世界では、あらかじめ単一の価値や道徳基準を定めて、それを政治家が制度化していくだけでは十分でない。ＥＵについて論ずるなかで、ハーバーマスは以下のように述べている。

一つの政治共同体、しかもこれほど大規模で、また多様な構成員からなっている共同体における市民同士の連帯は、単に普遍主義的な正義の道徳（国連のケースでは、侵略戦争と大規模人権侵害を行なわない義務）にもとづく「してはならない」義務だけでは作り出すことはできない。むしろ特定の政治的共同体のメンバーとして互いに認め合う市民は、「自分たちの」共同体が、なによりも集団として選び取っている、少なくとも暗黙のうちに受け入れている生活様式によって他から区別されるのだという意識で行動

＊　単純に国語辞典や英英辞典などの辞書的な意味としては、たとえば「熟議」は「議論を尽くして話し合うこと」（『新明解国語辞典　第七版』三省堂、二〇一二年）とされ、deliberation については "1. The process of carefully considering something. 2. the quality of being slow and careful in what you say or do"（*Oxford Advanced Learner's Dictionary, 6th ed.*, Oxford University Press, 2000）などとされる。問題は、これらの意味が政治的にどのように解釈され、厚みをつけられているか、ということである。

する。こうした政治的エトスはもはや自然発生的なものではない。それは、民主主義的プロセスと二人三脚で進む政治的な自己理解の結果として、透明性の高い仕方で作り出されるものであり、参加メンバー自身に対しても、それが作り出されたものであることを隠さない。（『引き裂かれた西洋』大貫敦子他訳、法政大学出版局、二〇〇九年、一一三頁、原著は二〇〇四年）

つまり、侵略戦争や大規模な人権侵害の否定など世界共通に認められている消極的な価値基準だけでは、政治共同体の連帯は維持できない。内部の多様性を認めるならば、また内部と外部の境界が曖昧で流動性が高いことを認めるならば、有権者自身が参加して議論し合う環境を整えないかぎり、人びとのあいだのつながりは成立しないというのである。

ここでハーバーマスが論じているのはEUという大規模な政治共同体についてだが、同じことは個々の主権国家や自治体にも当てはまる。グローバル化が進むなかでは、たとえば市内や町内に国籍の異なる人びとが共存することもあるし、ソーシャル・メディアを利用することで遠隔の地の異なる価値観に触れる機会もますます多くなる。

したがって市民も、自分が所属すると考えている政治共同体がどのような性質をもつかについて、異なる考えをもつ人びとと議論し、意見をまとめていくよう努めなければならないのである。

そのためにハーバーマスが用いるのが「討議倫理」（Diskursethik）という考え方である。討議倫理では「実践的討議への参加者としてのすべての当事者の同意をとりつけることができるような規範のみが、妥当性を要求できる」という原則が定められている。

具体的にどのようなことを主張しているのかわかりにくいが、簡潔にまとめると、いろいろな見解や利害をもつ人びとのあいだでは、特定の文化や慣習にもとづいた原則を政治共同体の基礎として用いることはできない、ということである。

「われわれの道徳原則は、今日の成人した白人の、男性の、市民層のよく教育された中央ヨーロッパの先入見だけを反映しているのではない、ということを証明することができなければならない」とハーバーマスは述べる。政治共同体の多元性や流動性が増しているからこそ、既定の原則に依拠した政治に固執するのではなく、その原則自体を多様な人びとが討議することが重要だとされている（『討議倫理』清水多吉・朝倉輝一訳、法政大学出版局、二〇〇五年、七—八頁、原著は一九九一年）。

そして、この討議倫理をもとにした民主主義が「討議デモクラシー」「熟議デモクラシー」（deliberative democracy）である。* ハーバーマスによれば、討議デモクラシーは自由主義的なデモクラシーおよび共和主義的なデモクラシーと区別される。

自由主義的なデモクラシーでは、市民は権利の担い手たる個人としてほかの市民や国家に向き合い、法として定められた市場経済のルールにしたがって私的利益を追求する。市民が政治にかかわるのは、選挙を通じて政治をコントロールする局面であり、それは権利にもとづいた私的利害の追求を保障するためである。

これに対して、共和主義的なデモクラシーでは、市民は私的利益を追求する主体ではない。権利とは第一義的に政治に参加する権利であり、ほかの市民とコミュニケーションをとりながら政治共同体を形成するためのものである。したがって、法も個人の権利を守るものというより、共同生活の不可侵性を保障するものとされる。

ハーバーマスは、両者のなかで共和主義モデルのほうを重視する。市民間の対立が深まっているという現状認識を踏まえるならば、私的利益を追求するだけでは対立が深まるばかりであるから、共和主義モデルへの注目は当然ともいえるだろう。

だが、ハーバーマスは自由主義モデルも共和主義モデルも、けっきょくは不十分であると結論づける。なぜなら、優位に立つ共和主義モデルでさえ、「あまりにも理想主義的で、民主的プロセスを共通善志向の国家市民の徳に依存させてしまう」からである。「成人した白人の、男性の、市民層のよく教育された中央ヨーロッパの先入見」といういい回しを思い起こしていただければわかりやすいかもしれない。つまり、多様性をもった政治共同体のなかで、私的利害を否定するために公的な価値や道徳をもち出すだけでは、異なる価値を抱く人びとに特殊な先入見を押し付けているのと変わらなくなってしまうと考えられているのである。

もし、共和主義モデルが議論の終着点として特定の価値を前提にしているのであれば、自由主義モデルとの対比ではコミュニケーションを重要視しているようにみえたとしても、内実は政治共同体が有する特定の価値への同化を強制しているだけということになる。

本当にコミュニケーションを重視するのであれば、必要なのは倫理的な徳や共通善への一体化ではなく、政治的な討議のプロセスである。「共和主義モデルの誤りは、政治的討議を倫理上の問題だけに狭めてしまう点にある」のである（「民主制の三つの規範モデル」『他者の受容』前掲書）。

したがって、民主主義の熟議・討議モデルは、特定の市民層がもつ実体的な価値を前提条件としない。集団的な意志形成は倫理的な価値観の確認ではなく討議の手続きの制度化によ

＊ このタイプの民主主義については、deliberative democracy のほかに discursive democracy を用いる論者もあり、また訳語も討議デモクラシーや熟議デモクラシー、審議デモクラシーなどと一定しない。本書のなかでは、過度に細かい違いにこだわることなく、これらを交換可能な語彙として用いている。

っておこなわれ、その意味で手続き主義的な性格が強くなるとされる。

手続き主義というとお役所仕事的なマニュアル作業が想起されるかもしれないが、ここでの手続き主義はそのような意味ではない。実体的な何かの価値に依拠できない以上、人びとのあいだの議論が成立するような制度を確立することによって、なんらかの価値が生まれてくるように工夫するしかない、ということである。

これは、単なる人びとのつながりや絆ではない。ただのつながりであれば、なんらかの道徳を押しつけても足りる。熟議が目指すのは、ハーバーマスがいう「より高次の間主観性」であり、政治制度としての議会を制度外の社会全体での議論が支える練り上げられた連帯である。

> 討議理論は了解プロセスに関して、より高次の間主観性を考慮している。この了解プロセスは、一方で議会の制度化された審議形式のうちで、他方で政治的公共圏のコミュニケーションネットのうちで遂行される。後者の主体を喪失したコミュニケーションは、社会全体にとって重要なテーマや規制が必要な問題について、政策決定を目指す議会の内外で、多かれ少なかれ合理的な意見形成・意志形成が行われる場を作り出す。そこでの非公式な意見形成は、制度化された選択決定や立法府の議決に影響を与え、そう

して生まれるコミュニケーション的権力は行政上の執行力を持つ権力へと変換される。
(「民主政の三つの規範モデル」前掲)

これが、ハーバーマスの「討議の二段階モデル」と呼ばれるものである。人びとの討論が一定の手続きのなかでおこなわれ、そこでの意志形成が議会などの政治制度に反映されていく。多元的社会は、人びとが議論し合うことによって、分裂から連帯へと移行するのである。

第三節　熟議の制度化

ハーバーマスの討議デモクラシー論は、文化間の衝突やEUの政治統合などヨーロッパの現状を踏まえたものである。だが、社会の連帯をどのように維持あるいは再生するか、という問いはヨーロッパに限られたものではない。

熟議という考え方が活発に議論されるようになったもうひとつのきっかけは北米圏での議論の高まりで、特にアメリカで一九八〇年代から一九九〇年代にかけて熟議民主主義が次第に注目されるようになったことにある。その背景には、文化的な対立の深刻化があった。一九八〇年代以降、少数派民族の歴史に配慮した教育の重要性が主張されたり、同性婚論争が展開されたりと、アメリカ社会は文化的な争点をめぐって「文化戦争」(culture wars)とも呼ばれる大きな分断を経験する(油井大三郎・遠藤泰生編『多文化主義のアメリカ——揺らぐナショナル・アイデンティティ』東京大学出版会、一九九九年などを参照)。二一世紀に入っての同時多発テロの発生も、こうした文化的な対立の範疇で理解されていくことになる。

他方アメリカ議会下院においては、一九九〇年代に入ると、透明性の高い審議プロセスを導入したことでかえって意味のある議論が抑制されるという皮肉な状況がみられるようになった。法案の調整過程で、妥協を困難にするような修正案が提出されたりした。また、各政党内でも党内多数派を満足させるための議事運営が優先され、結果として政党間の対立が増大するようになる。こうした状況を打開し、議会討論を活性化するため、熟議民主主義のアイデアにもとづいた改革案が提唱されたのである(大津留(北川)智恵子「議会における熟議」『政治の発見⑤　語る』風行社、二〇一〇年)。

このように社会と議会双方で顕著になっている分断を熟議によってどのように解消するのか、また両者の熟議をどのようにつなぎ合わせていくかについては、さまざまな制度化の試みが提唱されるようになった。

たとえば、ブルース・アッカーマンとジェームズ・フィシュキンは「熟議の日」という構想を提示している。大統領選などの重要選挙で、有権者が事前に集まり、少人数での集会と大規模な集会を繰り返しながら、相互理解を深めていくという試みである。議論を差配するファシリテーターや専門家の手助けはあるが、議論の主役はあくまでも有権者である。

またフィシュキンが提唱する討論型世論調査は日本でも実施されており、フィシュキン自身もしばしば来日している。慶應義塾大学にはＤＰ（Deliberative Polling®：討論型世論調査）研究センターが設置されているが（http://keiodp.sfc.keio.ac.jp/）、二〇一二年には東日本大震災後のエネルギー問題をめぐって調査が実施され、新聞でも報道されるなど、徐々に実績が積み重ねられてきている。

討論型世論調査の手続きとしては、まずあらかじめ無作為に抽出された対象者に通常のアンケート調査を実施し、そのなかから討論への参加者を募って小規模なグループでの討論と全体会議を繰り返す。専門家との質疑の場も設けられる。最後に再び参加者へのアンケート調査をおこない、意見が変化したかどうかを調査する。熟議の日と同様に、議論を通じて争点の構造や各種意見への理解を深め、分断から連帯への道を模索しようとする試みである。

こうした熟議民主主義の制度化には、ほかにも市民討議会や参加型予算、市民陪審や計画細胞などさまざまな類型があるが、近年では「ミニ・パブリックス」という概念を用いて包括的に論じられることも多い（篠原一『市民の政治学』岩波新書、二〇〇四年や篠原一編『討議デモクラシーの挑戦――ミニ・パブリックスが拓く新しい政治』岩波書店、二〇一二年を参照）。

ミニ・パブリックスとは、無作為抽出によってランダムに選出された人びとを市民全体の縮図とみなし、そこでの議論が市民全体の議論を（少なくとも議会に比べて相対的に）忠実に反映していると考え、政治共同体の意思決定に活用していこうという試みである。

従来の代表制では、階級や利益団体など、特殊な利害関係を有する集団が影響力をもつ傾向が強かった。こうした仕組みでは、大規模な集団が政界との人的関係や財力によって自己利益を押し通すことが多い。各集団の代表者も構成メンバーの利害を第一に考えるため、集団間の調整は困難になる。日本における族議員を媒介とした政治システムの機能不全は、代表制のこうした硬直性が悪い方向に出たものであった。

これに対してミニ・パブリックスは無作為抽出であるため、各種の利害は社会における分布に比例して反映され、財や人脈が議論に影響する可能性は低くなる。また、実際に話し合いをおこなう人びとも、各団体のリーダーではなく一般の市民であるため、所属集団の構成メンバーに気遣って当初の見解に拘泥する必要はない。したがって、代表制の硬直性を打破できる可能性をもった代替案といえるだろう。

前節でハーバーマスによる二回路制モデルの議論を紹介したが、実際のところハーバーマスの抽象的な議論も、アメリカやヨーロッパで試みられているこれらさまざまな制度の実践に触発されている。

理論面と実践面において、またアメリカとヨーロッパの距離を越えて、熟議民主主義論は社会的分断を解決しようとする民主主義論の最先端に位置しているのである。

第四節　熟議の意味

社会の分断に対抗するために熟議が必要とされる。そして、分断は社会全体に拡大しているために、議会だけではなく社会全体で対応していかなければならない。したがって、熟議は市民全体を巻き込んだプロジェクトにならざるをえない。

アメリカと同様に日本でも「熟議の国会」が必要とされている。だが、議員の討論能力不足だけが熟議の必要性を高めているわけではない。問題は、議会内ではなく社会全体に合意の困難な亀裂が生じてきていることである。したがって、議員に高度な討論能力が要求されるのは当然としても、それだけで社会全体におよぶ対立を解消させることはできない。

したがって、熟議民主主義は次のような特性をもたなければならない。

第一に、直接民主主義的な志向である。市民全体に意見や価値の分断が広がっている以上、リーダー間の議論を成立させるためにも市民間での議論が必要になってくる。ミニ・パブリックスの発想の核心も、さまざまな意見の分布を忠実に反映することで、事実上直接民主主義と同じ効果を得ることにあるといってよい。

第二に、市民が議論のなかで理解を深め視野を広げた結果として、意見が変化することが期待されている。専門的には「選好の変容」と呼ばれる論点である。

従来の代表制民主主義は、しばしば利益集積型の民主主義といわれる。それぞれ異なる利害をもった有権者の意見を聞いたあとに、それを積み上げる形で政治を進めていく、というイメージである。これに対して熟議民主主義は利害や意見が変化する可能性を重視する。そのため、既定の利益を単純に積み上げればよいとは考えない。

第三に、意見の変化が熟議の目的となる以上、市民が熟議プロセスに積極的に参加することが望ましい。争点に対する理解を社会全体で深めるためには参加が必要だということもあるが、参加することそれ自体が、民主主義への信頼と政治への有効性感覚を高める効果をもつことも期待されている。

市民自身が政治の有効性を自分の行動によって実感できないかぎりは、社会の分断を克服することはできない。熟議における選好変容は自分の心のなかでの反省や内省の過程で生じるというよりも、人びととの出会いと活発な交流というリアルな政治体験のなかで生まれるものとされるのである。

第四に、発言する際には一定の要件にしたがうことが求められる。熟議とは、対立が先鋭化し妥協や取引が困難な問題についての議論である。その場合、なぜ自分がこの意見をもっているのかという理由を述べるだけでは十分ではない。それでは、自分と同じ意見や利害をもつ人びとだけにしか理解してもらえないからだ。

熟議とは「理由づけの分かち合い」（reason-giving）の過程だとされる。したがって自分と異なる見解をもつ人にとっても理解可能で納得できるように理由を提示することが必要になる。

これらの特徴のそれぞれについては細かい論争もあり、熟議民主主義を論ずる人びとのなかでもすべての点について合意があるわけではない。たとえば意見の変化について、それが社会の分断を解消するための合意にまでいたる必要があるのか、それとも人びとがともに生きていくための最小限の相互理解があれば意見の違いは残ってもよいのか、については論争がある。

また、理由づけがしたがうべき要件についても、あまりにも理性的な討論を求めるのでは、感情を重んずる表現方法を抑圧してしまうという議論もある。もともと代表制民主主義には、代表者に高次の知識や道徳、判断を求めるという合理主義的な側面がある。場合によってはそれがエリート主義と呼ばれることもある。熟議が議会制のエリート主義的性格に対する批判から生まれてきたものであると考えるならば、過度に議論の合理性を強調するのは趣旨に反するということになるだろう。

しかし、いずれにしても熟議が社会の分断を緩和・解消するために工夫された手法であることはあきらかである。第一節で述べたように、本書でわざわざ〝デリバレーション〟という片仮名言葉を出している意味も、ここにある。

日本で「熟議の国会」のような言葉遣いがされる場合、議会審議の空洞化をどのように解決するかに焦点が当てられているケースが多い。日本の国会では、官僚による議会答弁が優位で、議員は討論にあまり関与していないと批判されてきた。近年の改革で、議員立法の重要性が強調されたり、官僚による政府委員答弁が廃止されたり、さらには党首討論が試みられたりしているのも、議員による討論の活性化に向けた改革の試みである。

ところが、官僚対議員という対立構図があまりに強調されると、市民間での対立の深刻さに目が届きにくくなる。社会保障財源やエネルギー問題にしても、温暖化対策やＴＰＰのようなグローバル化対応の問題にしても、単に議員間の討論の活性化だけで解決するほど容易な問題ではない。市民のあいだにこれらの論点をめぐる根深い対立があるからこそ熟議が必要となっている、ということはつねに念頭においておかなければならない。

国会が言論の府であるのは確かだが、熟議が単なる討論ではなく、社会の深刻な分断という重い課題を背負った特殊な議論であることにも、私たちは目を向けておかなければならないのである。

第五節　日本における熟議の背景

前節末尾で日本の状況に言及したが、この節では日本での熟議論の背景について、第一章の議論との関連にも目を配りながらあらためて掘り下げてみたい。

首相公選制の導入にはふたつの理由があった。ひとつは政治腐敗への批判、もうひとつは強力なリーダーシップの待望論である。これにならっていえば、日本における熟議民主主義導入にもふたつの理由があるといえる。ひとつは、「言論の府」になっていない議会への批判、もうひとつは熟議による社会の連帯や絆の再生である。

このふたつの理由は、関連するとしても直接的につながるものではない。議会が言論の府になっていないのであれば、まずは議会自体を改革するというのが、直感的には最初の問題解決の方法になるだろう。

しかし、議会が機能しない理由が議会外にもあるとすれば、討論の活性化や政治家の資質向上のように議会内の改革を論じるだけでは問題が解決しないということになる。それどころか、議会改革論がかえって議会外の問題を隠蔽してしまう危険性すら生じかねない。議会批判と政治家批判だけでは、日本政治批判としては的を外しているということになる。

議会改革

日本における議会改革の流れを振り返ると、発端は五五年体制下での議会運営のあり方にまで遡る。五五年体制下での国会に対する批判にはいくつかのポイントがあるが、先にも述べた与党による内閣提出法案の事前審査制と、そこから生まれる国会審議の空洞化がもっとも重要なものであろう。

事前審査制は当初さほど厳格なものではなかったが、田中角栄内閣以降に制度が完備され、精緻な審査が実施されるようになった。一般的なイメージとは異なるかもしれないが、日本の国会の議事手続きでは内閣には法案審議に介入する手段がないため、国会は法案の審議・修正について制度上相対的に強い権限をもつ。しかし、この権限は結果として国会の力を削ぐ方向に働いてしまう。なぜなら、内閣にしてみると、国会を乗り切る工夫をしなければば法案が成立しないので、多数派である与党議員に国会外で事前調整せざるをえなくなるからである。「事前審査は、国会に強い自律性を与えている制度の下で、内閣にとっての必要悪として成立したもの」なのである（大山礼子『日本の国会――審議する立法府へ』岩波新書、二〇一一年、八五頁）。

この問題は、より広くみるならば、「官僚内閣制」という日本の議院内閣制全体の特徴とも結びついている。国会で大臣に代わり官僚が答弁をする政府委員制度は、官僚支配と政治家の力不足という文脈でしばしば批判されてきた。官僚内閣制では、首相を中心にした内閣の求心的統合機能が確保されておらず、内閣は各省庁大臣の連合体と考えられている。各省庁はそれぞれに法案をふくめた各種案件を提案し、担当大臣はその省庁の代表としてほかの大臣に内容を説明する。すなわち、大臣は官僚の意見を代表することになる。大臣間の合議が基本となるのではなく、官僚による下からの立案が主となるタイプの議院内閣制が、官僚内閣制と呼ばれるものである。

ただし、各省庁は国民の意志を無視して政策を立案しているわけではない。各省庁には、その分野に利害関係をもつ利益集団・社会集団が付随しており、省庁と各集団を結ぶ族議員が介在することで国民の意向が政治過程に反映されていく。族議員などのパイプをもたない集団にとっては閉鎖性が高く既得権者に有利なシステムだが、省庁へのつながりさえ確保できていれば、綿密なやりとりによって細かな調整が可能になるという利点もある。この「省庁代表制」を通じて、選挙による代表制とは異なる形で、国民の意見は反映されていたのである。そして、この代表システムを与党へと橋渡しして法案成立を実現させる仕組みが、先の事前審査制であった（飯尾潤『日本の統治構造——官僚内閣制から議院内閣制へ』中公新書、二〇〇七年）。

首相公選制が五五年体制下の政治に対する改革案とみなされるのは、こうした多様な省庁、複数の大臣による連合体としての日本政治に決定力が欠けていたからである。各省庁・各利益集団の希望を実現できるだけの豊富な財源が存在していればこそこのシステムは機能したが、高度成長後の少ない財を奪い合うマイナスの調整過程では、〝決められる政治〟を実現することは構造的に困難であった。

言論の府としての国会の復権も、同じく既得権益間の不毛な衝突に対する改革プランである。以前のようには国民へ富を分配できない社会環境のなかでは、議論抜きでの問題解決などとても不可能である。

かつて有権者は、政策の効果を通じて民意の反映を実感することができた。だが、実行される政策がすべての人にとって満足のいくものにならないという状況では、国会での論戦こそが民意の反映を有権者にもっとも強く実感させる手段となるはずである。

ところが、その論戦が活発におこなわれないため、市民は国会が民意を反映していないと解釈する。議会制民主主義は論争の不足と民意反映に関する有権者の疑念によって大きく信頼度を下げたのである。

政治家もただ手をこまねいてみていたというわけではない。歴史的にみれば、一九九〇年代以降、官僚内閣制と省庁代表制の改革は一貫して続けられてきた。一九九九年には、国会審議活性化法制定と副大臣・政務官制度の創設、政府委員制度の廃止という一連の改革が行われた。二〇〇九年の政権交代に際して、民主党が政策決定の内閣への一元化による政治主導の確立を掲げたのも、そうした改革の流れに棹《さお》さすものである。

しかし、このようないわゆる「政治主導」による改革が、まさしく政治家の本丸であり、言論の府である国会の復権に結びついたかというと、そうともいい切れない。審議の空洞化への対応は、首相公選制への期待などともあわせて考えた場合、むしろリーダーシップの強化による審議回避の方向へと逸脱したように思われる。

もっとはっきりいうと、回避されたというよりも、あまりにも議会への不信感が強かったために、議会が不要であるという方向へと議論が進んでいったのではないだろうか。

たとえば現在の国会批判では、議員の定数削減が主たる論点となっている。定数削減論については、厳しい経済環境のなかでの財政カットという側面もあるのだが、それにしても削減が審議の活性化につながるかどうかという問題意識はほとんどみられない。逆に、国会審議はもはや日本政治において占めるべき場をもたないようでもある。

だが次にみるように、熟議の民主主義論において、国会の機能不全の原因は政治家の能力不足や利権構造のみではなく構造的な社会の変化にも求められており、その変化には定数削減などでは対応できない。政治主導の改革論は、その構造的な問題をかえってみえにくくしている面もあるといえるかもしれない。

統治能力の危機と再帰的近代化

日本の議会批判では、特に高度成長期以降、各社会集団に対する利益の分配がうまくいかなくなってきたことが問題とされる。経済成長が見込めなくなり、配分する資源が少なくなってくれば、希少な資源をめぐって議会での本格的な討論と調整が必要になってくる。ところが、国会では実質的な議論はみられず、それどころかしばしば既得権益である業界団体と結びついた政治家の姿が報道される。議会は既得権益をもつ政治家と利益集団のたまり場であって、一般的な市民の民意を反映していない、という批判が生じてくるのも無理はない。

このような潮流のなかでは、既得権益批判や政治腐敗への批判が際立つことになる。だが、政治資金に関する規制を厳しくして政治腐敗を一掃しても、問題は解決しない。そもそも配分すべき財が希少なのであるから、善意の政治家が集まっていたとしても事態の改善は容易ではない。

この問題は日本特有のものというよりも、一九七〇年代から世界的にみられた「民主主義の過剰」や「統治能力の危機」に呼応するものである。配分資源のパイが拡大しない状況下で、しかも各種の集団がそれぞれ資源の一定部分をすでに獲得してしまっている場合に、民主主義は十分な統治能力を発揮できない。要求の増大は政府への過重負担を生み出し、要求が実現されないがために政治への不信が高まってしまう。

一九八〇年代に、レーガン政権、サッチャー政権、そして日本の中曾根政権など、自由化や民営化を旗印とした「小さな政府」論が生まれたのはそのためである。さらにグローバル化による国際経済の自由化は二一世紀になっていっそう拡大しており、日本国内における小泉内閣の郵政民営化や民主党政権での事業仕分けの試みをみても、こうした問題はいまだ解決されていないことがわかる。

つまり、日本における議会不信は、腐敗した政治家による金権政治や汚職だけが問題なのではなく、世界大でみられた民主主義体制の構造的な弱体化も一因なのである。

しかも、問題は経済運営だけにとどまらない。熟議民主主義論の強力な論拠のひとつとなるのが、「再帰的近代化」論である。たとえば、日本における熟議民主主義論の代表的研究である田村哲樹『熟議の理由』(勁草書房、二〇〇八年)でも、現代社会が再帰的近代化の時代にあることが重視されている。

再帰性とは、「人々が社会についてつねに新たな情報を得て、その情報によって人々の実践がつねに再審され、その結果社会自体が変化していくこと」(山崎望『来たるべきデモクラシー――暴力と排除に抗して』有信堂、二〇一二年、一八頁)とされる。

抽象的でわかりにくいかもしれないが、再帰的と翻訳される英語の reflexive は、文法用語として用いられる場合、myself や themselves など、主語そのものを指し示す代名詞を表す。つまり、主題となっているものそれ自体にもう一度注意を向けて考え直す、というニュアンスがふくまれている。これと同じように、ごく当たり前のように受け入れられてきた近代的な価値や慣習について、もう一度あらためて本当にそれで良いのかどうかを考えてみなければならない段階に近代が到達した、というのが再帰的近代化論の主張であるといってよい。*

したがって、既成の権威に依拠した意思決定は不可能になる。市民は、個人的な価値観から政治的争点に至るまで、先例や慣習に依拠せず、不確実でリスクの高い状況のなか、みずから情報を収集し、意思決定をおこなわなければならなくなってきたとされる。

こうした社会の変化は、近代に入ってからつねに進行し続けてきたものでもある。だが、グローバル化の加速によって一国内での価値基準が激しく揺さぶられ、専門技術の進展がリスクの分析を困難にし、それらをめぐる人びとの価値観が広く分散してしまった現在では、近代化は社会の分断や社会からの脱退までも促進する方向に働く。

日本においても、国外で活躍する人材が増加したり、外国人労働者の流入により企業や地域コミュニティの性質が変化したりするなど、これまでは当たり前のものとして受け入れられてきた日本的慣習が今後どの程度通用するのか、あらためて考え直さなければならない状況が出現してきている。

食材の安全性や、原子力発電所をふくめたエネルギー問題に関するリスク判断なども、結

＊ もう少し詳しく背景を知っておくには、提唱者のひとりであるベックの次の記述が参考になるだろう。「つまり、もはや、自然の利用や伝統的束縛からの人間の解放が問題なのではない。それだけが問題なのでもない。技術と経済の発展そのものの帰結も、重要な問題となるのである。近代化の過程はその課題と問題に対して、「自己内省的」となる。諸技術を（自然や社会や人格の領域において）いかにして発展させ応用させていくかという問題に代わって新たな問題が生じる。それは重要な領域でテクノロジーが危険を生み出す、あるいは生み出す可能性があるが、その危険を政治的また科学的にどのように「処理」するかという問題である」（ウルリヒ・ベック『危険社会――新しい近代への道』東廉・伊藤美登里訳、法政大学出版局、一九九八年、二一四―二一五頁、原著は一九八六年）。引用中では、「再帰的」は、「自己内省的」と訳されている。

論が容易に出る問題ではないだろう。

したがって、こうした争点にかかわる世論の対立は、しばらくすれば解決する当座の問題ではない。この時代の本質に属する構造的・恒常的な問題だと理解するべきである。

政治主導のリーダーシップ強化論は、問題を政治家の能力に狭く限定してしまうかぎりで、こうした再帰的近代化問題にうまく対応できない。熟議の国会論は本来、政治家論にとどまることなく、この流動化した社会全体への対応を組み込んだ解決方法を探るべきものである。再帰的近代化が社会全体での負担の分かち合いにかかわる以上、市民が議論から切り離されていてよいはずがない。代表とはいえ、政治家任せで決められた負担では、納得の度合い、つまり社会統合の強度が低下することは避けられないからである。

熟議民主主義論の主張は、分断や脱社会化が生じているから民主主義の実現をあきらめるというのではなく、分断や脱社会化にもかかわらず人びとのあいだに何らかの社会的な結びつきを保とうと考えるのならば、人びととの関与を求める民主的な政治のあり方がどうしても必要になる、ということである。

これまでの代表制は、固定的な利害や価値を政治過程に組み入れるには効果的であった。しかし、再帰的近代化が進むと、既成の価値や慣行がつねに検討にさらされるため、流動性や多元化の度合いが高くなる。その際に、人びとにいっそう積極的な議論への参加を促し、他者の意見への理解を深め、社会的な絆をとり戻す媒介となるのが熟議であるとされる。強力なリーダーによる統治は、権威もまた再帰的近代化のなかでつねに問い直されることを考えれば、有効な解決策ではない。多様性が増せば討論は困難になるが、困難になるからこそ討論を熟議に進化させることでしか社会は維持できない。この判断が、熟議民主主義論の核心となっているのである。

第六節　熟議と代表制

日本政治の現状は、議会自体の改革という方向性と、社会の分断への対応という方向性との、ちょうど中間にあるとみるべきだろう。日本が直面している問題も、グローバル化や社会の分断ということでいえばアメリカやヨーロッパと変わらないので、熟議を社会全体で実施していく必要がある。それにもかかわらず、有権者の不満の多くは機能しない議会に向けられており、「まず政治家の意識改革と議会の整理を」というのが国民一般の率直な意見だと思われる。議会不信が強いゆえに、議会こそが問題の根源であり、議会の役割の縮小が問題解決につながる、と考えられているのである。

だが、機能しない議会を迂回したとしても、それだけでは熟議の背景にある問題は解決しない。政治家に問題があるとしても、有権者になすべきことが残されていないということにはならない。政治家に熟議を求めた上で、なおかつ有権者も熟議に参加しなければ、構造的な問題は解決しない。専門用語として使われる場合のデリバレーションという言葉には、それだけの意味の厚みがある。

もし議会での討論が官僚任せになっていることだけを問題ととらえるのであれば、「熟議の国会」という考え方は、議論の活性化によって言論の府の復活を目指すということに矮小化されてしまう。しかも、活性化がままならないとなれば、改革論は議会の縮小論へと横すべりをおこすことになる。根本的な問題は社会の変化にあるのではなく、政治家の質にあると考えられてしまうからである。しかし、政治家の質だけが問題であるならば、わざわざ熟議などといわずに、「討論型の国会」でも「国会での議論の活性化」でも、もっと簡単な言葉で表現すればよい。

デリバレーションの意味を背負った狭い意味での熟議とは、単に熱心に議論をしましょうという主張や、議論の内容を充実させましょうという主張とは異なる。それは、市民の意見が妥協や調整不能なほどに分極化してしまったなかで、それでも社会にまとまりをもたらすためには何が必要か、というぎりぎりの問題意識から生まれてきた言葉であり、ただの議論とは異なる意味が込められていると考えなければならない。

ただし、ここでひとつ注意しておかなければならないのが、熟議と代表制との関係である。熟議民主主義は〝代表制の危機〟に対応するものであり、ポスト代表制の民主主義論であると、あるいは代表制を補完するものであるとしばしば論じられる。こうした議論は、政治への強い不信感と組み合わされると、議会不要論のような代表制廃止論に近いものと受けとられかねない。

しかし、熟議民主主義は代表制や政治家への倫理的な不信感を主たる動機として提示されているわけではなく、代表制の廃止が主眼となっているわけでもない。代表制が機能不全に陥っている理由の少なからぬ部分は経済や社会の構造的な変化によるものであって、政治家の不道徳や利己心のみによるものではないというのが、根底にある理解である。

したがって、重要なのは、信頼できない政治家を切り捨てることではなく、逆に市民が政治家を支え導くことである。ハーバーマスの二回路制のデモクラシー論が、代表制の廃棄論ではなく、直接制を組み入れた再生論になっているのは示唆的である。

しかしながら、市民熟議の制度化については、相当に厄介な問題が残っている。というのも、現在提示されている制度化のプランの多くが、市民の参加による代表制の再生を訴えているにもかかわらず、従来の代表制論の範疇を越え出るものとはなっていないからだ。熟議が直接民主制的な志向をもつことはすでに述べた。だが、ミニ・パブリックスの例を考えてもわかるように、市民レベルでの熟議の制度がすべて直接民主制であるわけではない。ミニ・パブリックスは、無作為抽出の方法を用いることで、社会における多様な意見の分布状況を可能なかぎり忠実に討論グループに反映させる試みである。だが、たとえ無作為抽出をしたとしても、それが当該争点の関係者すべてによる討論でないことに変わりはない。ミニ・パブリックスは議会制民主主義と比べてよりよく民意を反映する代表制の一種である、と主張することは可能だが、だからといってそれを直接民主制そのものと理解するのは正確ではないだろう。

こうした代表のあり方を「市民代表」として、職業的な政治家である議員に代わる新しいモデルと考えることはできるが（田村哲樹「模索する政治、政治の模索」『模索する政治——代表制民主主義と福祉国家のゆくえ』ナカニシヤ出版、二〇一一年）、それはミニ・パブリックスが別種の代表制度であるということと矛盾しない。そして、もし直接民主制ではないのであれば、ミニ・パブリックスという代表制が、議会制民主主義という代表制よりも論理必然的に優れていると主張できるわけではない、ということになる。

一例として、制度の正統性の側面から考えてみよう。代表制が機能するためには、何かしらの手続きによって、正統な政治制度だと市民から承認される必要がある。議会制民主主義に正統性を付与するのは選挙という手段であったが、ミニ・パブリックスでは正統性は無作為抽出という手段によって付与される。

選挙による正統性に不信の目が向けられるなかでは、相対的にミニ・パブリックスの正統性は高まるだろう。だが、どちらが本来的に正統であるかは容易には決められない。

たとえば、もし代表選出の正統性を、政治的共同体を作り上げていこうとする市民の自発的な意志に求めるのであれば、偶然性に依拠する無作為抽出に比べて、一票に意志を込めることのできる選挙には捨てがたい魅力があるということになるかもしれない。

ここには、代表制と直接制をめぐる熟議民主主義の複雑さがよく表現されている。もし議会制という形の代表制が従来型の利害や既得権益に縛られ、現代社会の利害対立・意見対立に対応可能な柔軟性を失っているということならば、まずは議会制とは異なる代表の形式を見出せばよい。無作為抽出による代表選出は、その方法のひとつである。

だが、無作為抽出による代表も代表である以上、議会制との決定的な差別化はむずかしい。「熟議の日」のような全市民参加型の制度をとるならば、熟議民主主義は直接民主制に近づくから、差別化は容易になるようにも思える。それでも、もし「熟議の日」が大統領や公選首相など代表者の選出にのみかかわるものであれば、それもまた代表制民主主義の枠内での制度化にすぎない。こうなると、熟議をポスト代表制として論じる意味がどこにあるのか、ほとんどわからなくなってしまう。

もし理論的に一貫した形でポスト代表制としての熟議を擁護したいならば、完全に直接民主制的な熟議民主主義というものを考えなければならないだろう。実際、市民集会が立法権を掌握し、恒常的に民主制を動かしていくという形は、熟議の観点からはむしろ望ましい政治のあり方といえる。二回路制の議論にしても、議会の機能を活性化するために順序として社会内でのインフォーマルな議論が優先するというだけではなく、最初から最後まですべて市民集会に任せておけばよいと論ずるほうが通りはよい。

こうした問いの立場からすれば、現状の熟議民主主義論は、代表制論に遠慮しているようにみえなくもない。熟議を突き詰めれば、代表制との二回路制を維持する理由がないにもかかわらず、現実には代表制を放棄することは考えられないからという理由で、わざわざ複雑な議論をしているようにも思える。

このように考えてきてみると、現状における熟議民主主義論の問題はふたつあると考えられる。ひとつは、ミニ・パブリックスのように熟議民主主義の主要なアイデアでさえ、かなりの部分を代表制に近い形式に依拠していながら、その代表制自体の性格を十分に論じていないということ。つまり、代表制批判を標榜していながら、みずからもまた代表制であるという論点に踏み込んでいないということである。

首相公選制論がそうであったように、熟議論もまた、市民が直接政治過程にかかわるポイントがあることを直接民主主義と同等のものと考える傾向がある。しかし、実際には代表制であるにもかかわらず直接制との違いに鈍感だというのでは、代表制について明確な理解が存在しないことを証明していることになってしまうのではないだろうか。

そしてもうひとつ、より根本的な疑問は、かりに熟議民主主義論が代表制とまったく異なる直接制のモデルを提示しているとしたら、それでも代表制を擁護する理由があるのか、という問題である。

前々段で述べたように熟議論の代表制理解が不十分であるとすれば、それにもとづく代表制不要論に説得力はない。だが他方で、熟議の構想を論理的に徹底させれば、代表制ではなく直接民主制に行き着くことも確かである。では、熟議の直接制志向を受け入れながら、なおかつ有意味な代表制論を展開することは可能なのであろうか。

このふたつの論点は、ともに「代表制に固有の意味はあるのか」、そして「代表制固有の意味とはなにか」という問いに答えることを要求している。そして、序章で論じたように、代表制を必要悪としてのみ論じるのではなく、固有の価値を認める議論も少なくない。では、代表制固有の意味はどうすればあきらかになるのか。まず次章で、代表という概念の複雑性をときほぐすところからはじめてみたい。

第三章

代表の概念

代表制民主主義は、代議制・議会制という形で、現在の政治体制の主流となっている。だが、主流であるだけに当然視され、代表制の機能や特徴に関する考察は少ない。そのため〝必要悪〟論ばかりが根強く、代表制の積極的な意義や役割にはあまり関心が向けられない傾向にある。

また、有権者との直接的なつながりを重視する首相公選制論や熟議民主主義論も、実際には代表制の要素をふくみながら、その役割や機能が論じられることは少ない。代表制論は、いわば民主主義論のエアポケットになってしまっている。

こうした状況を踏まえ、本章では代表概念の理論的な検討を通じて代表制の特質がどこにあるのかを考察していきたい。

第一節　代表概念の二重性

代表制民主主義とは、「なんらかの方法で代表を選び、その代表が集まり、審議、決定して物事を進めるという方法」（猪口孝「代表民主主義」『政治学事典』弘文堂、二〇〇〇年）とされる。一般的には、選挙で選ばれた国会議員が立法府に集まって政治を進めていく議会制民主主義が、代表制民主主義の典型とされている。

代表というのは、直感的には、誰かがほかの人の代わりになって物事をおこなうことである。その意味は一見したところ非常に明瞭であるから、代表についても代表制についても、わざわざそのこと自体の意味内容についてあまり詳しく論じられることはないように思われる。

それにもかかわらず、実は代表というのは非常に込み入った概念でもある。こころみに、「代表する」を意味する英語のrepresentを英英辞典で引いてみると、冒頭にあげられているのは「集団のメンバーの一員として、行事や会合でその集団のために行動したり発言したりすること」や「誰かのために公式に行動したり発言したりして、その人の利益を守ること」などの意味である。ほかにも、なにかの典型やシンボルであること、なにかを絵に表現することなどの意味が列挙されているが、いずれにしても、あるものを別のものがなんらかの形で表現すること、という大きな意味は変わらない（*Oxford Advanced Learner's Dictionary*）。

これは日本語での用法にも通じるものだが、日本語の辞書を探るとやや違ったニュアンスも掲載されている。たとえば『新明解国語辞典』の「代表」の項目には、「その組織・団体などの意見・意思などを反映する者として構成員の中から選ばれ、公の席（場）に参加する資格が与えられること。また、その人」や「関係する一群のものに共通する特徴・特質などをそなえ、その典型として第一に認められるものであること。また、そのもの」などの意味とともに、「関係するものの中でもっとも高い能力を持つものとして選ばれ、公式の競技会などに参加できる資格を認められること。また、その人（もの）」という意味もあげられている。

代表制民主主義を考える場合、この「代表」という言葉にみられる意味の複層性は重要である。わかりやすいように単純な問いにいい換えると、選挙によって選ばれる議員は、「誰かのために公式に行動したり発言したり」する存在なのだろうか、それとも「関係するもののなかでもっとも高い能力を持つもの」なのだろうか。

たとえば、市民は政治家に高度な人格と能力を期待することが多い。人びとの代表として社会を先導していくのであるから、それにふさわしいすぐれた見識や道徳、思考力や行動力が必要だと考えるのである。

だが他方で、人びとは身近な政治家に親しみを感じるものである。なかには、〝素人〟の政治家こそ望ましいと考える有権者もいるかもしれない。なぜなら、職業的な政治家は政治の世界の特殊な論理に染まってしまい、一般市民の普通の感覚を忘れてしまうからである。エリート政治家と〝庶民派〟の政治家であれば、〝市民感覚〟をもった庶民派のほうが望ましい。これもまた、十分に筋の通った考え方のように思われる。

こうした代表についての二重性は、従来の政治理論でも頻繁にとり上げられてきた問題であった。いわゆる「地域代表」と「国民代表」というふたつの代表観の争いである。ここでもっとも重要な参照点とされるのが、エドマンド・バーク（一八世紀イギリスの政治家・思想家で、フランス革命を批判した『フランス革命の省察』で知られる）のいわゆる「ブリストル演説」だ。関係する部分を引用しておこう。


皆さん。確かに、選挙区の有権者としっかりと結びつき、密に連絡を取り、率直なやり取りをするのは、代議士（a representative）にとって幸福かつ光栄なことに間違いはありません。代議士にとって、有権者の願いは非常に重大なものであるべきですし、有権者の意見は高く尊重されるべきですし、有権者の用件には絶えず注意が向けられなければなりません。代議士にとって、自分の休養や、楽しみや、満足を、有権者の皆さんのために犠牲にすることは義務なのです。とりわけ、そしていかなる場合でも、代議士は自分の利益よりも有権者の利益を優先させなければなりません。

しかし、偏向していない意見、成熟した判断、正しくひらかれた良心などを犠牲にしてまで、皆さんにも、皆さん以外の誰かにも、そしてどんな人たちの集まりにも、仕えるということはできない。それらは、自分の喜びを得るためのものではなく、また法や憲法から導き出されたものでもありません。それらは神から与えられたものであり、それを濫用しない責任があるのです。代議士が皆さんに負うているのは、ただ勤勉に努力することだけではありません。判断にもまた責任を取らなければならない。そして、自分の判断（judgement）を犠牲にして皆さんの意見（opinion）に従うということは、皆さんに仕えることではなく、皆さんを裏切ることを意味するのです。（Edmund Burke, "Speech to the Electors of Bristol," 1774, in *Select Works of Edmund Burke, Miscellaneous Writings*, Liberty Fund, 1999）

選挙区利益を重視しながら、それでもあえて代議士の「判断」の優位と独立性を訴えるバークのこの演説は、国民代表の理念を典型的に示すものとして語り継がれてきた。日本国憲法が、「両議院は、全国民を代表する選挙された議員でこれを組織する」（傍点早川）と定めているのも、まさに国民代表の理念にもとづいているからにほかならない。

「地域代表」を、「利益代表」や「職能代表」などといい換えても、問題の本質は変わらない。* 要するに、代表は特定の選出母体・母集団の利害に忠実にしたがうべきなのか、それとも選出を担った母集団と距離をおいてでも全体の利益を考慮して行動するべきなのか、というのがここでの問題である。

もし特定の集団に忠実に行動することが求められるのであれば、有権者と代表のあいだにはいわば〝委任〟や〝命令〟の関係が生じることになるだろう。狭い意味での代理の関係ともいえるかもしれない。

逆に、もし国民全体のことを第一に考えて行動するべきだということになれば、代表は有権者から一定程度独立していなければならない。また、有権者からの独立が許されるということは、代表の判断が有権者個々の判断よりも適切だとみなされるということにもなる。

「委任―独立論争」とも呼ばれる、政治学上の古典的な問題である。

この論争にもいくつものポイントがあるが、もっとも対立が激しい論点のひとつが、代表の独立性を認めると、反民主的なエリート主義をも同時に認めることになりはしないかということだ。選出の基礎が市民にある以上、独立説を取ったからといってそれがそのまま単なるエリート主義になるというわけではない。それでも、市民から選出されていながら、なぜ

＊　職能代表とは、地域や利害でまとまるのではなく、職業の種類ごとに形成された団体を基礎にして代表制を構成する考え方。二〇世紀初頭に流行したイギリスの多元的国家論のなかでは、地域代表制に代わる有力な制度構想として注目された。G・D・H・コールのギルド社会主義論が一例である。

市民の意見と異なる判断が許されるのか、という問題は残る。先に代表の意味の二重性ということを述べたが、その二重性はいい換えれば、代表の民主的な性格とエリート主義的な性格との二重性でもあるのだ。

以下では、代表概念を詳しく検討することで、この代表制における民主的要素とエリート主義的要素の関係を考察してみたい。

第二節　ピトキンの代表論

ホッブズの代表論と権威付与理論

現代における代表概念の研究としては、ハンナ・ピトキンの『代表の概念』（*The Concept of Representation*, University of California Press, 1967）が出発点となるべき基本文献である。日本語では、小川晃一「政治的代表の論理」（一九八六年）「政治的代表の論理（一）」（一九八八年）「政治的代表の論理（二・完）」（一九八八年）（いずれも『北大法学論集』掲載）がパイオニア的な研究となるが、そこでもピトキンの研究は「画期的」で「これまでの研究のレベルを一気にひき上げた」とされている（「政治的代表の論理」、注（14））。

ピトキンは、トマス・ホッブズの『リヴァイアサン』にみられる代表概念を議論の軸に据えている。これは、ホッブズが社会契約論の始祖と考えられていることと無縁ではないだろう。

社会契約論では、政治とは王や貴族など生まれながらに高位にある存在が民衆に授けるものではなく、平等な人びとのあいだの自主的な契約によって成立するものであるとされる。したがって、リーダーを選ぶ主体もまた平等な市民でなければならない。リーダーは市民と隔絶した存在ではなく、主体である市民を「代表」する役割だけを果たす。民主的な社会の構成原理そのものが、代表としてのリーダーを必要とするのである。

ホッブズの代表論は『リヴァイアサン』の第一六章で展開され、主として人格（person）をめぐる議論から成り立っている（以下、水田洋訳『リヴァイアサン』四分冊、岩波文庫、一九八二―一九九二年を参照）。といっても、日本語でいう「優れた人格」などの道徳的な意味をもった人格ではなく、法律上の行為をなす主体としての人格のことである。当面は「会社が法人格をもつ」などという場合の人格をイメージしておけばよい。

ホッブズは人格を、「かれのことばまたは行為が、かれ自身のものとみなされるか、あるいはそれらのことばまたは行為が帰せられる他人またはなにかほかのもののことばまたは行為を、真実にまたは擬制的に代表するものとみなされる」人のことと定義している。そして、この人格は自然的人格と人為的人格の二種類に分類される。

社会契約による政治体、すなわち「コモン－ウェルス」（Common-wealth）とは、ホッブズの定義によれば「ひとつの人格であって、かれの諸行為については、一大群衆がそのなかの各人の相互の信約によって、かれらの各人すべてを、それらの行為の本人としたのであり、それは、この人格が、かれらの平和と共同防衛に好都合だと考えるところにしたがって、かれらすべての強さと手段を利用しうるようにするためである」とされる（第一七章）。つまり、リヴァイアサンという政治体（現代でいえば主権国家が当てはまる）とは、人びとの信約によって統一された意志をもつ、ひとつの人格だと考えられているのである。

自然的人格と人為的人格の区別に当てはめれば、社会契約を成立させる諸個人は自然的人格であり、リヴァイアサンが人為的人格ということになるだろう。ただし、この人為的人格は、ひとりの人間によって体現されるとはかぎらない。第一章でも引用した部分だが、ホッブズは三種類の政治体を区別する。すなわち、「諸コモンウェルスのちがいは、主権者すなわち、群衆のすべておよび各人を代表する人格の、ちがいにある。……（中略）……すなわち、代表《リプリゼンタティヴ》は、ひとりかそれよりおおくであるかにちがいなく、もしふたり以上であるなら、そのときには、それはすべてのものの合議体か一部のものの合議体である。代表がひとりの人であるばあいには、このコモン－ウェルスは**君主政治**であり、それがそこにあつまってくる意志をもつすべてのものの合議体であるばあいには、それは**民主政治**すなわち民衆的コモン‐ウェルスであり、それが一部分だけの合議体であるばあいには、それは**貴族政治**とよばれる」（第一九章）。

ここで「すべてのものの合議体」である民主政治もまた、代表の枠内で議論されていることに注意しておこう。ホッブズにとって自然の社会は、「各人の各人に対する戦争」、すなわち「戦争状態」にある（第一三章）。現代風にいい直せば、多様な利害が衝突している状態である。単に人びとが集まっただけでは、この戦争状態は解消しない。戦争状態を解消できるような政治体が成立するためには、信約によってひとつの人格となった政治体が必要になってくる。

その人格を代表するのがひとりであろうと部分であろうと全体であろうと、それはただの人間の群れではなく、自然を離れた人工的な仕組みでなければならない。したがって、たとえ民主政治であっても、自然的な人びとを「代表」していることに変わりはないのである。ホッブズにとっての代表とは、自然の人格を有する各個人を、人数はどうあれ人工的な国家に接続するための装置といってもよいだろう。

こうした人工の人格は、本人が行為者に対して権威をあたえるという理論によって正統化される。ピトキンが「権威付与理論」（authorization theory）と呼び、今現在も代表論の主流となる考え方である。ホッブズの言葉では、「人為的人格のうちのあるものは、かれらのことばと行為が、かれらが代表するものに帰属 *Owned* する。そしてそのばあい、その人格は行為者［役者］であって、かれのことばと行為が帰属するものは、本人 AUTHOR であり、こういうばあいに、行為者は、本人の権威《オソリティ》によって行為するのである」とされる（第一六章）。ピトキン自身の定義では、代表が行為するためにそれ以前にはもっていなかった行動のための権利を権威づけられ、他方で代表されるものはあたかも自分がその行為を自分自身でしたかのように結果についての責任を負う、というのが権威付与理論の枠組みとされている。この場合、代表される本人には責任があるが、代表者は免責されるので、代表者に有利な条件になっている。

また、権威付与を重視する場合、最初の権威づけに注意が集まるため、その後の代表の行動は相対的に軽視される。そのため、ピトキンはこれを「形式主義的な見方」（formalistic view）だと述べる。代表は、最初の権威付与の段階を過ぎれば代表者の自由な行動が許されるブラック・ボックスのようなものになってしまい、代表者の行為内容は問われないのである。

ホッブズの代表論が、民主的含意を有するにもかかわらず専制的な性格を強くもつのは、こうした権威付与の構造による。実際、ホッブズの代表論にしたがうのであれば、かりにコモン－ウェルスが議会制の形をとったとしても、専制的な議会制になることをまぬがれない（小川「政治的代表の論理」、一五頁）。

描写的代表の理論

ピトキンは、ホッブズの議論が代表概念としては一面的で、不完全なものであると論じる。いったん代表者に権威をあたえると、それ以降、人びとには服従しか選択肢がなくなってしまうからである。代表を通して人びとが政治に参加していく側面への関心や、服従や協力の動機をどのように維持していくかといった点についての問題意識は希薄となる。この点でホッブズの理論は、代表の権威づけ理論ではあるが、代表よりも権威づけの側面に重きをおいたものになってしまっているという。

これに対して、異なる視角から代表を論じるのが「描写的代表論」（descriptive representation）である。たとえば、議会が適切に構成されているといえるのはどのような状態か、というような問題を考えてみよう。ひとつの答えは、議会が社会の構成を歪みなく正確に映し出している場合である、ということになるだろう。

このように、議会は社会の構成の〝縮図〟でなければならないとか、議会は民意を反映する〝鏡〟でなければならないというような考え方が、描写的代表論と呼ばれるものである。

ピトキンの言葉を借りれば、描写的代表論は権威付与理論と異なり、代表者の特徴に注目する。つまり、代表が何をするかよりも、代表が何者であるかを重視するのである。

この代表観を取った場合の政治的含意は小さくない。たとえば、選挙制度においては小選挙区制よりも比例代表制が支持されることになるだろう。議会が社会の縮図であるためには、社会内の意見や属性の分布が比例的に議会に反映されなければならないからである。

また、議会の役割も権威付与理論とは異なってくる。権威付与理論の場合、議会にとって大切なのはひとつにまとまることであった。戦争状態の社会に秩序と安定をもたらすには、人格の統一性が必要だからである。ホッブズから引用するならば、「人間の群集 a Multitude of men は、かれらがひとりの人、あるいはひとつの人格によって、代表されるときに、ひとつの人格とされる」のである（第一六章）。

日本の政治改革においてしばしば主張される、小選挙区制にもとづいた二大政党制による政権交代論は、この権威付与理論となじみやすい。得票率以上の過大な議席をもった与党によって、リーダーシップを発揮しやすい環境が生じると考えられるからである。

逆に描写的代表観では、政策決定や実行の迅速性よりも、議会に反映された多様な人びとの意見や利害について聴取し、議論することが重視される。議会は討論の場としての性格を強くもつことになるのである。そのため、描写的代表観は、現代の議論でいえば熟議民主主義論になじみやすい。実際、ミニ・パブリックス論は、無作為抽出という手法で、社会の縮図を映し出すものであるといえる。

しかし、描写的代表論も、権威付与理論と同じく一面的な理論であることに変わりはない。ピトキンは、描写的代表論の不完全性を、絵画の例を用いながら説明している。

日本語の「代表」が、日常的に芸術と結びついたイメージで語られることはほとんどない。だが英語の represent は、たとえば「特に絵画で、誰か・何かを示すこと」(to show sb/sth, especially in a picture)という意味も有する(*Oxford Advanced Lerner's Dictionary*)。

ホッブズの人格論もまた演劇の比喩によって説明されている。「人格とは、舞台でも日常の会話でも、役者 *Actor* とおなじであって、扮する *Personate* とは、かれ自身や他の人を演じる *Act* こと、すなわち代表する *Represent* ことであり、そして他人を演じるものは、その人の人格をになうとか、かれの名において行為するとかいわれる」(第一六章)。つまり、本人や本体を、なんらかの方法・媒介によって別の形で再現することが代表・表現の基本的なイメージになっているのである。

ピトキンによれば、この再現は、つねに正確さを目指しているわけではない。写実主義的な作風や芸風があるとしても、それは絵画や演劇のすべてとはいえない。また写実といっても、現実のすべてを正確に切り取って表現することはできない。そもそもまったく同じ現実が再生産されるのであれば、それは代表や表現とはいえないだろう。

一般に、何かを表現する際にはその表現の目的があり、目的に応じて現実の一側面がいわば〝切りとられる〟。画家は一定の視点から人物や風景を描くし、俳優は独自の役作りによってある人の生を表現しようとする。つまり、「代表とは、類似性や一致と同様に、距離や違いを必要とするように思われる」(Pitkin, p. 68)。したがって、描写的代表論にも代表者の独立性を認める余地があり、この点では権威付与理論に接近することになる。

この、〝似ていながらも違っている〟、という代表の特性は、代表制民主主義の二重性にも反映されている。議員には有権者の意見を議会討論の場に伝達することが期待されるが、ただ伝言役を務めればよいというわけではない。単なる伝言役に創造性やリーダーシップは必要ではないが、創造性やリーダーシップをもたない政治家を優秀だと評価する有権者は少ないだろう。

政治家は、伝言役であるとしても、創造的な伝言役でなければならない。そして、伝言役と創造的行為者のどちらの側面が重要かは、そのときの状況によって異なる。ホッブズのように秩序を求めようとするならば、代表者は単なる伝言役にとどまるわけにはいかない。権威付与理論が必要とされるゆえんである。他方で、社会内の一部の人びとの声が切り捨てられているときには、描写的な代表が必要となる。代表のふたつの顔は、そのときどきの政治の状況に応じて重要性が変化するのである。

代表の相対的性格

ピトキンは、権威付与理論と描写的代表論に加えて、答責的代表観（accountability view）やシンボル的代表観（symbolic representation）も説明している。答責的代表観は、事前の判断にもとづく権威付与理論と異なり、代表者の行為について事後的に評価をおこない責任を問うものとされる。

これは、ホッブズのようにいったん権利を付与したあとには統治への介入ができなくなると主張するのに比べて、有権者の参加を導きやすい考え方である。だが、事後的評価では、代表が行動している最中の有権者の関与はままならない。極端な場合、代表者は事後の否定的評価を覚悟した上で、有権者の意志に反して行動することもできる。したがって、答責的代表観は権威付与理論と同じく形式的代表のカテゴリーに区分されている。

シンボル的代表観は、描写的代表観と同じく、代表が有権者をなんらかの形で表現しているということに重点をおく。ただしこの場合、描写的代表が社会内の多様な意見や情報を正確に反映するという合理的な目的をもっているのと比較して、感情や信仰にもとづく非合理的な要素が強くなる。

民主制では人びとの支持を集める者こそ代表としてふさわしいというのが一般的な見方だろう。だが、支持が集まればよいというだけでは、市民の自発的な支持と、上からの操作・動員との区別がつかない。民主的な代表であるためには、支持されていることに加えて、その支持に適切な理由があることが必要となる。シンボル的代表観でも有権者の意見の反映だけで話がすまないのは、描写的代表と変わることがない。

このように答責的代表観やシンボル的代表観を取ったとしても、代表概念に関する曖昧さを除去することはできない。「委任―独立論争」については、長く議論が繰り返されてきた。だが、ピトキンによる分類をみたあとでは、委任と独立のどちらが正しい代表概念なのかという問題設定それ自体が不毛であることがわかる。

代表はすでに権威を付与されているという意味で独立性をもつが、それだけでは選出した者とのつながりが断ち切られてしまう。つながりを回復するには、事後的な評価だけでは不十分である。もし選出した者との恒常的なつながりを重視するならば、描写的な代表観をとったほうがよい。だが、有権者と代表が完全につながった状態のままでは、創造性やリーダーシップを発揮することがむずかしくなってしまう。また、合理的な理由づけを欠いて感情的に有権者と代表がつながれば、有権者が操作される危険性までもが生じてくる。

これらの代表観は、それぞれが一面の真理であると同時に、それぞれにまた欠点もかかえ、相互に補い合っている。つまり代表とは、そこに正しいひとつの定義があるというようなものではなく、矛盾しつつ補い合う複数の有力な定義が組み合わさったものであり、曖昧さをとり払うことができない概念なのである。

問題のそもそもの根本は、あるものを、一定程度似ているにもかかわらず、一定程度違う形で再現する、という代表概念の基本的な枠組み自体にあるといってよいだろう。どの程度似ていて、どの程度異なるかは、ときと場合によるとしかいいようがない。まして民主制のように、代表をどのようなものと考えるかについて多様な意見が許される政治体制であればなおさらである。代表制民主主義を実現していくということは、この曖昧さと相対性をなんとか逆用し、政治的に有効な帰結を生み出していく、ということなのである。

第三節　代表概念の新たな局面

ピトキンの議論にみられるように、代表概念は複数の同等に重要な要素が複雑に絡み合ったものであり、ときどきの政治状況によって何が強調されるかは異なってくる。ピトキン自身も、二〇世紀の政治状況を前提に、権威付与理論や描写的代表論とは異なる新しい理論展開を模索している。本節では、ピトキンの著書の後半部分からはじめて、代表概念をめぐる近年の展開に至るまで、現実と理論の両面からアプローチしてみたい。

ピトキンの実質的代表論

ピトキンは、権威付与理論が行為内容の評価に踏み込めない点を問題視していた。権威付与理論では、最初の授権行為以降、どのような行為が本人の利益となるかを決定するのは代表者である。したがって、代表の行為内容について、代表される本人は影響をあたえることができない。前に述べたように、民主的だったはずのホッブズの理論が専制的な結論を生むのは、この特質ゆえのことである。

他方、描写的代表論やシンボル的代表論も、代表者の行為の評価基準について語ることはない。描写的代表論では、民意の多様性を反映した議会において活発な議論がおこなわれる。だがそれはあくまでも代表者同士の議論に限定されており、代表される本人は蚊帳の外である。

シンボル的代表論にしても、意見の反映なのか操作なのかを見定める基準はなかった。代表される者が自分自身の側に何らかの価値基準を定めておかなければ、シンボル的代表が非合理的な白紙委任に変質する危険性をぬぐい去ることはできない。

ピトキンはこれらの代表論への対案として「実質的代表」（substantive representation）の概念を提示する。これは、代表者が実際に何をしているのかに注目する議論で、代表行為の中身を問うものである。

権威付与理論であっても、最初の段階では当然なんらかの目的があって授権がおこなわれている。実質的代表論では、授権の段階ではなく代表行為が実際に進行している段階で、その目的が本当に実現されているか、内容にまで踏み込んで評価をおこなう。つまり、代表者が考える利益の内容が本当に代表される本人を利しているのかどうかが評価されるのである。

実質的代表論は、授権時の代表者と代表される者とのつながりと、授権以後の代表者の独立的性格とのあいだの分断を解消しようとする試みである。代表者は、代表という行為を継続しているあいだ、つねに代表される者との相互作用のなかにおかれなければならない。

独立した判断や行為の余地も認められるが、代表者と代表される者とのあいだに深い溝が生じた場合には、代表者はなぜその行為や判断が代表される者の利益になると考えるのか説明する責任を負う。他方で、代表される者も代表者の行為について監視の目を怠ったり、無関心にとどまったりすることを許されない。権威付与理論から実質的代表論へというピトキンの議論が、代表の民主的性格を強調する方向への転換をねらっていることは明白である。

権威付与理論の根強さ

ピトキンの著書が出版されたのは一九六七年で、今からおよそ半世紀も前のことである。時論ではなく、高度に学術的な著作でもある。だが、そこにふくまれる政治的な意味合いは今もって明白かつ重要で、実質的代表論は今日の代表制改革論としても十分に通用するだけの射程をもっている。

しかし、実質的代表というアイデアがどれだけその後の民主制や民主主義論に影響をあたえてきたかというと、疑問も残る。というのも、代表の実質をどのように判断するかについて、明確な基準と手段が発見されているわけではないからだ。

実際、現実の政治世界においては、相変わらず権威付与理論の影響力が大きく、実質的代表を目指す試みが歪められることもある。近年の日本におけるマニフェスト選挙導入を例にあげて考えてみよう。

選挙の際に各政党が政権公約としての「マニフェスト」を掲げて争う光景は、今となっては日本政治に定着したようにみえる。民間の二一世紀臨調は、二〇〇〇年六月の総選挙を前にして、提言『「政治家と有権者の共同作業」～総選挙を意義あるものとするために～』を発表し、そのなかですでにマニフェストの採用を進言していた。

また、将来の政策構想については、与野党ともに、次の四年間の任期中に、どのような「手順」「期限」「財源」で実現するのかを、政権運営のマニフェスト（公約の実行計画）として、明確な形で示すべきである。野党の掲げる政策については、なぜ、現在の連立与党では実現できないかを具体的に説明すること。

このときには実現には至らなかったものの、その後小泉政権下で政権交代を目指す民主党がマニフェストを積極的に推進するようになった。そしてついに二〇〇三年総選挙から、マニフェスト選挙が本格的に実現される。この際にも、二一世紀臨調が提言をおこなっているので、長くなるが一部を引用しておこう（「政権公約（マニフェスト）に関する緊急提言〜新政治改革宣言・政党の立て直しと政治主導体制の確立〜」）。

マニフェストについての定訳はないが、われわれの考えるマニフェストとは、政党が政権任期中に推進しようとする、政権運営のための具体的な政策パッケージのことであり、①検証や評価が可能であるような具体的な目標（数値目標、達成時期、財源的な裏づけ等）、②実行体制や仕組み、③政策実現の工程表（ロードマップ）をできうるかぎり明確なかたちで示した、「国民と政権担当者との契約」にほかならない。

われわれが、このように従来型の選挙公約に代わるマニフェストの導入を政党に強く求めるのは、ただ単に、英国をはじめとする諸外国の政党においてすでに同様の試みがおこなわれているからではない。また、立派な公約集をつくることそれ自体が目的でもない。

マニフェストの導入を求めるのは、それが、日本政治において政治主導を具体的な形で作動させるための起点となりうるからであり、政党や政府の質をシステム的に大きく変えるための有力な道具になりうると考えるからである。

マニフェストは新たなシステム作りの道具であると同時に、新たな政治サイクル作りの道具である。政党がマニフェストを意義あるものにしようとするならば、マニフェスト導入の試みを通じて改めて表面化するであろう未解決の政治改革課題に決着をつけつつ、総選挙→組閣→政策決定・政策実施→業績・実績評価→総選挙という政党政治のサイクルを実現することに迫られる。それは、これまで進められてきた選挙から政権運営に至る政治改革の試みを、マニフェストという一本の横糸を通すことによって再整理し、政治改革作業全体の立て直しをはかることにほかならない。

マニフェストの導入が、有権者の選択と連動しない不透明な政治を改革し、政権交代可能な政治を実現するためのものとされていたことは説明するまでもない。有権者は、あらかじめ政党が提示した政策をもとにして判断し、与党政権がその政策を逸脱することなく実行していくかを監視する。マニフェストの導入によって、透明性の高い、民意にもとづいた政治の実現が期待されたのである。

しかしながら、その後は一転して、マニフェストの弊害へと批判が集中していく。マニフェストでは、政治家による操作やいい抜けを防止するために、数値目標や達成時期の明示が求められている。ところが実際に民主党が政権運営の座を占めてみると、これがかえって与党の柔軟な対応を封じ、行動の自由を奪うことにもなった。

第二章でも述べたように、二〇〇九年の民主党への政権交代のあと、事業仕分けによる歳出削減だけでは社会保障費や年金財源の確保が不可能なことがあきらかになった。また東日本大震災の復興財源など危機対応のための柔軟な路線変更も必要とされた。そのため事前公約であるマニフェストと実際の政権側の説明とのあいだに齟齬が生じ、公約と政策との関連性はかえって不明確になってしまった感がある。

ここで、マニフェスト導入の部分的・一時的な成否を問うのは、あまり生産的ではない。成否はともかく、政権交代のない五五年体制下での白紙委任型政治を打破し、国民の手に政治をとり戻そうという試みの意図そのものは十分に理解可能なものであった。政策の方向性や具体的な目標について有権者と政治家が明示的な事前契約を交わしておくというモデルは、まちがいなく有力な改革案のひとつだったのである。

ただ、実際の政治課題をすべて事前に予測することなどできないということも、またあきらかな事実である。そのため、マニフェストが政治の硬直化を招いたことも否定できない。問題はマニフェスト導入の善悪というよりも、マニフェストをどのような性格のものとみなし、どのように用いるかについての政治家間、そして政治家と有権者のあいだでの共通了解が不明瞭だったことにあったのではないだろうか。

そして、マニフェストをどのように理解するかは、まさしく代表観の問題でもある。マニフェストがしばしば有権者と政治家との事前契約とみなされることからもわかるように、マニフェスト政治とは権威付与理論型の代表観にもとづいた代表民主制論であるとみることができる。政治家は有権者に約束した政策を実行していくことしか許容されないというのであれば、それはまさに政治的交渉の可能性を授権時のみに限定した権威付与理論の枠組みにぴたりと当てはまる。

また、代表のなすべき行為は事前に定められているのであるから、有権者に残された仕事はその行為が事前の契約条項に沿っているかを確認するだけである。具体的な政治状況に合わせて変化する代表者の実質的な行為の意義や効果を判断する余地はない。

代表制論からみた日本のマニフェスト政治とは、長年白紙委任に近い形で利益分配の事後調整を政治家に任せてきた有権者が、権威付与型の代表民主制を確立させようとした改革論だといってよい。しかし皮肉なことに、政治の世界から有権者が白紙委任によって締め出される状況をあらためようとしたこの試みは、今度は事前の契約条項への違反を許さないという形で、かつてと同じく、選挙以外の時期における有権者の実質的な判断を不可能にしてしまうという結果を招いたのである。

代表概念の多様化

こうした権威付与理論の根強さは、なにも日本だけに限られたことではない。歴史的な文脈を考えれば、授権を基礎とする代表制論は、広く冷戦時代の標準理論であったとする見解もある（David Plotke, "Representation is Democracy," in *Constellations*, 4 (1), 1997）。つまり、政権交代が生じない共産圏の政治に対して、選挙制度を有する自由主義側の民主政治を正当化する働きがあったとされるのである。

もし権威付与理論が二〇世紀後半の自由主義社会における標準理論だったとするならば、現在の日本の政治改革論は、半世紀遅れてようやく標準理論の水準に到達したということになるのかもしれない。

しかし世界的にみると、グローバル化が進み、また国内での民族問題が噴出する冷戦終焉後の時代において、権威付与型の代表制モデルは現実に対する説明能力を急速に低下させつつあることはまちがいない。

権威付与理論は、選挙を経由した有権者による政権選択という形で現実化される。もう少し細かくいうと、特定の国に輪郭のはっきりした有権者団が存在していて、その人びととその国の政治家とのあいだで一定の契約をもとに選挙が実施される、という形が想定されている。つまり、授権モデルにもとづいて代表民主制を運営しようとするならば、誰が当事者であるかが明確になっていなければならない。さもないと、契約そのものが成立しなくなってしまう。

だが、グローバル化が進めば、ある政策争点について利害関係や関心を有する有権者の範囲を定めるのは難しくなってくる。たとえば地球温暖化や環境汚染に関して、ある国が問題の源泉であったとしても、その影響は国外にまで及ぶ。したがって、国内での授権を想定した代表民主制モデルでは十分な対応ができない。テロリズムについても同様である。これらの領域で、NGOやNPO、国連のような国際機関をふくめ、代表民主制を採用する主権国家・領域国家以外の組織が活躍しているのは、当然のことでもある。

また国内においても、少数派民族などマイノリティ集団の意見をどのように議会に反映させるか、国家機構とは一線を画す市民団体やデモなどの活動をどのように受け止めていくかなど、単に選挙による代表民主制運営だけでは解決できない課題が生じてきている。

こうしたなかで、二〇世紀末以降代表をもっと多面的に理解しようとするこころみも多くなってきている。代表例としてマンスブリッジの論考をみておこう（Jane Mansbridge, "Rethinking Representation," in *The American Political Science Review*, Vol. 97, No. 4, 2003）。マンスブリッジは、実証的な政治学における研究成果を参照しながら、いくつかの新しい代表観を提唱している。

古典的な本人―代理人モデルにもとづく「約束型の代表」（promissory representation）は、代表者が有権者に対して明示ないしは暗黙の約束をおこない、それに拘束され責任を負わされることで成り立っている。したがって市民の意志である民意が直接的に反映されるという長所をもっている。これはピトキンの権威付与理論に近い考え方とみてよい。

これに対して、投票行動研究における事後的な業績投票（retrospective voting）の重視に伴い、近年有力になってきた代表観があるとされる。そのひとつが「予測的な代表」（anticipatory representation）である。

約束型代表観では、事前に有権者との約束事項が定められているため、代表は選挙時点での有権者の意志を代表することになる。逆に予測的代表の考え方では、有権者は事後的に代表を評価して票を投ずると想定されており、代表者は任期終了時の選挙における有権者の意志を代表するものと考えられる。

　予測的代表の考え方は、ピトキンの分類でいう答責的代表観とよく似ている。したがって、アイデア自体はけっして目新しいものではない。しかし、一九六〇年代に発表されたピトキンの議論においては「代表を論ずる文献のなかでは重要な潮流ではない」と評されていたこの考え方が、二〇〇〇年代に入って発表されたマンスブリッジの論文では代表と有権者のあいだのコミュニケーションを促進する有力なモデルとして重要視されている。このことの意味は小さくない。

　もし現代において、有権者の意志が安定的であり、選挙時に明確に示されるものであるのならば、約束的代表観に代えて予測的代表観を重視する理由は見出だせないだろう。だが、有権者は多様な争点について異なる立場に配慮した複雑な思考を要請されるようになってきた。それに応じて、代表の考え方も、より柔軟で変化を受け入れやすいものへと移行していかざるをえない。

　ピトキンは、答責的代表観について、有権者が事後的にしか代表の行為に影響を与えられない、という硬直性を強く批判していた。しかし、マンスブリッジの予測的代表観では、任期中の代表者が状況に対応できる柔軟性が評価されている。同じような議論でも、着眼点がまったく異なっているのである。

マンスブリッジはほかにも「コマ型の代表観」（gyroscopic representation）や「代替型の代表観」（surrogate representation）を現代的な代表概念としてあげているが、これらも現代政治の流動性や不確実性に対応しようとするものである。

コマ型の代表とは、有権者が代表を選ぶ際に何か外的な動機や目的があってその代表者を選択するのではなく、代表者が目標からぶれずに行動することを重視するものである。たとえば、ある政治家が利己心にとらわれず公共の利益を目的として行動しているとみなされる場合、具体的な政策とはかかわりなく、有権者の支持が集まる場合がある。ジャイロスコープ、すなわち回転するコマ（回転儀）が揺らぐことがないように、ひとつの軸となる態度や器量を示すことで代表者が正統性を獲得するのである。

このモデルでは、約束型の代表観のように、代表があらかじめ定められた契約条項に縛られることはない。議員が一定の姿勢を維持しているかぎり、議会での討論や交渉、妥協や政策変更の余地が認められる。つまり、流動的で不安定な現代の政治環境に応じて、代表の責任のとり方に違いが出てくるのである。有権者によるコントロールは、選挙時に代表者の性格をあきらかにするべく濃密な議論と検討がおこなわれることと、予測型代表のような事後的評価による代表者の変更手続きによって保障される。

代替型の代表観は、特に米国の社会状況を視野に入れて展開された議論である。現代の代表民主制は、領域国家を複数選挙区に分割するという形式で運営されている。この点では、地域代表観をとるにせよ国民代表観をとるにせよ、代表民主制の領域性（territoriality）は否定できない。しかし、領域による選挙区区分では適切に代表されない人びともいる。

> 議員の中でも、女性、アフリカ系アメリカ人、ポーランド系の人々、障がいのある子どもを持つ人々、農場や鉱業地域や労働者階級の居住地で育った人々は、しばしばこれらの経験に関係する政治問題について特別に敏感であるだけでなく、これら集団の利害や考え方を代表する特別な責任を感じている。たとえこれら集団のメンバーが自身の選挙区で有権者の中に多数を占めていなくとも、そうなのである。（Mansbridge, p. 523）

この代表観は、ピトキンの描写的代表と重なるものともいえる。描写的代表観が各種利害を議会の議席数に正確に反映することを基本的なイメージとし、したがって比例代表制との親和性が高いのと同様に、マンスブリッジの議論でも社会における各利害が比例的に議会に代表されることが重視されている。

だが、それと同じくらい強調されているのが、選出母体となった選挙区とは無関係な有権者の利害を代表者が引き受けていることである。現代の政治においては、争点は選挙区の境界線を越えて展開する。引用文にみられるいわゆる〝アイデンティティ〟をめぐる問題が、選挙区横断的な争点であることに注意しておくべきである。*

代替型代表観は、一定の領域で比例的に民意を表現するためのものというよりは、領域を越えた民意を表現するためのものと考えたほうがよい。マンスブリッジの議論は当面米国内での争点に限定されているが、ジェンダーや民族をめぐる争点が国内に限定される理由はなく、もっと広い範囲に影響力をもちうる視点でもあることを認識しておく必要がある。

第四節　代表論の行方

代表論は、領域国家に限定された選挙制民主主義からの変化を求められており、長く有力

＊　山影進「アイデンティティ」（『政治学事典』弘文堂、前掲書）によれば、アイデンティティとは、「社会に包み込まれている個人としての自分や集団としての自分たちが、他者とは異なる何らかの固有の意味を持つ存在であるかどうかを問題にするときに基礎となる概念」とされる。性や民族をめぐって展開されるアイデンティティ・ポリティクスは、利益集団（企業など）によるインタレスト・ポリティクスとは質的に異なる政治として論じられることが多い。

な枠組みであった権威付与理論だけでは説明できないものとなってきている。それにもかかわらず日本では、古典的な権威付与理論型代表の再構築が問題となっている。

政治家による国民軽視の政治、国民の意向に反した政治を正すためには、事前に代表に対する委任の範囲を厳格に定め、その順守を求めるという方法がもっともわかりやすい。代表が委任の条件を逸脱すれば、次の選挙でその代価を払わせればよいからである。一九九〇年代以降、二大政党による政権交代型の政治を目指した日本の政治改革は、いまだ定着していなかった権威付与理論型、約束型の代表をあらためて確立させようという試みだったと考えられる。

しかしながら、権威付与理論型の代表を確立しようとしたまさにその時期こそ、グローバル化の進展や民族紛争の多発によって、主権国家や自治体の境界線が揺らぎ出した時代でもあった。

権威付与理論型の代表が成立するためには、代表と約束を交わす有権者の範囲が限定されていること、また少なくとも選挙と選挙のあいだに民意の大幅な変化が生じないこと、が条件となる。しかし、環境問題やテロリズムに関しては、誰が当事者なのか、誰がその争点にかかわる有権者なのかは不明瞭である。民族問題にしても国境を越えて民族が連携する場合もある。また、情報の流通が加速した現代社会での民意のうつろいやすさは、我々の日々の実感でもある。

そうであるならば、日本における代表制論は二重の課題に直面していることになる。すなわち、約束型の代表制を根付かせるのと同時に、その不足分を何らかの形で補っていくことまでが必要となっているのである。

ピトキンの分類に戻るならば、我々は権威付与型の代表を確立しつつ、その上で流動的な現代の政治状況に応じた実質的な代表観も組み入れなければならない。したがって、有権者は代表者に事前にだけではなくつねに寄り添う必要がある。そして、状況に応じて逐一変化する代表者の判断と行動を、追体験し評価していかなければならない。今の日本の代表制論は正反対の方向性をもつふたつの改革論を同時に満たすよう要請されているのである。

このことは、ある一方への改革が進んでも、それがもう一方の改革を妨げるかぎり、代表制への信頼は回復しないということを意味している。たとえば、首相公選制は、マニフェスト型政治と組み合わされた場合、権威付与理論型の代表を実現する強力な武器となる。複数の人と契約を結ぶのに比べて、個人との契約は混乱を招きにくいからである。マニフェスト型政治の時代に政党党首の存在が重視されるようになっているのも、首相公選制導入論がくり返し浮上するのも、現代日本において権威付与理論型の代表論を採用し、政治家の責任を明確化しようという意識の表現にほかならない。

しかし、責任の明確化を図る代表論は、人びとの多様で流動的な意見を議論の場に吸い上げる機会を奪いかねない。熟議の民主主義は、社会内で先鋭化した対立を、議会や市民間の討議の場に汲み上げていこうとするものだった。描写型代表論や代替型の代表論では、こうした多様な見解の反映とそこから生まれる熟議に期待が寄せられていた。

この方向性と、権威付与型の代表論の方向性は対立している。権威付与型からすれば、描写型や熟議は政治の決定力を低下させ、各種利害による終わりのない紛争を招くものと考えられる。他方で、描写型代表論にとって、強いリーダーシップは少数意見を抑圧してしまうようにみえる。

けっきょく、代表制はふたつの批判的潮流に晒されており、そのため信頼性の低下を余儀なくされている。ふたつの批判的潮流は、それぞれに代表と有権者のつながりを改善しようとするものであるが、それにもかかわらず相互に対立し、両者とも完全には代表制の改革方向を確定させることができない。代表制改革の必要性は明白であるにもかかわらず、批判者が相互に批判的な関係に立って改革を妨げる。それが現代日本の代表民主制のおかれた状況なのである。

こうしたなかでは、けっきょく代表制の機能不全ばかりが目立つ結果となる。さらに代表制を必要悪とみなす〝直接民主主義の神話〟と組み合わされると、代表制の信頼低下は底なしとなる。ふたつの改革案が対立し停滞する状況はまさに行き詰まりであり、それは長期的には民主政全体の、ひいては政治そのものへの信頼低下を生み出しかねない。では、脱出口はないのか。

実は、まだ検討されていない道筋がある。それは非常に単純だが、「代表制は政治においていったいどんな役割を果しているのか」という問いに関連している。今までの代表論は、いかなる形であれ、民意をどのように反映させるか、民意を正しく代表する方法とはどのようなものか、ということに議論を集中させてきた。それゆえに、代表概念の複層性に足をとられ、前に進むことができなくなっている。

だが、代表制の意味とは本当に民意の反映に尽きるのだろうか。そもそも、民意の反映のみが期待されているのであれば、代表概念の複層性を内在させている代表制と比較して、市民がみずから統治する直接民主制のほうが勝るのは当然である。つまり、民意を反映するという代表制の意味づけ方は、事実上代表制が政治的にはほとんど意味がないといっていることに等しいのではないだろうか。しかし、本当に、代表制には直接制とは質的に異なる独自の意味はないのであろうか。この点を、次の章で検討していくことにしたい。

第四章

代表制民主主義の思想的基盤

代表とはいくつもの働きを含んだ複雑な概念である。その働きのなかには、相互に矛盾する性質をもつものまである。そのなかでどの働きを重視するか、異なる働きをいかに組み合わせるかによって、代表制に対する期待のもち方も異なってくる。

したがって代表制の危機といっても、一部の機能が現代社会に適合していないだけだという可能性もある。その場合、一部分が適切に機能していないからといって、ほかの働きがすべて不適切だということにはならない。ほかの部分では、まだ代表制のはたしている役割があるのかもしれない。

もしある部分の機能不全、たとえば民意を反映していないということを理由として全面的にポスト代表制への移行を論じるならば、それは代表制の貢献を過小評価することにつながりかねない。代表制の危機を語るには、代表制の働き全体に気を配らなくてはならないのである。

ところで、私たちは一般論として代表制民主主義の全体像をどのように理解しているのだろうか。ここでは、まずカール・シュミット（ドイツの公法学者・政治学者で、二〇世紀前半に多くの重要な著作を発表し、ナチスとも関係した）の議会制論を手掛かりに、現代代表制のイメージを整理しておきたいと思う。なぜなら、シュミットの議会制論は、自由民主主義体制を否定的にとらえているにもかかわらず、代表制のイメージという点に関しては私たちの通念に非常に近いようにも思われるからである。議会制に対するシュミットの否定的評価を肯定的評価に逆転させてしまいさえすれば、我々が一般的に思い浮かべる代表制擁護論が現れてくるといってもよいだろう。

第一節　シュミットの議会制論

議会制の本質

『現代議会主義の精神史的地位』（稲葉素之訳、みすず書房、一九七二年、原著初版は一九二三年、邦訳は一九二六年の第二版による）において、シュミットは一九世紀以来の民主主義の進展を背景に、議会主義と民主主義を原理的に区別しなければならないと論じている。それによれば、君主制を否定した民主主義は、自由主義や社会主義などさまざまな政治概念と結びつくことで、内容的にはかえって空疎なものとなってしまった。民主主義は、自由主義と結びついて人びとの自由を擁護する一方で、マルクスが『ルイ・ボナパルトのブリュメール一八日』で描き出したように人民投票による帝政を生み出すこともあり、さらに社会主義と結びつくこともできる。

では、そのような付随的な思想をとり払ったうえで、民主主義に残る根源的な要素があるとしたらそれはなにか。シュミットによれば、民主主義の本質は、「下されるすべての決定が、ただ決定する者自身にのみ対してだけ効力をもつ」（三五頁）点にあるという。人民主権・国民主権こそ民主主義の内容だといい換えてもよい。決定の影響を受ける者が決定する者と同一でなければならない、という同一性の原理が民主主義をほかの思想から区別する指標となるのである。

民主主義の本質が同一性の原理だとしたら、他方の議会主義の本質とは何であろうか。まずシュミットは議会主義の便宜的な正当化から検討をはじめる。便宜的な正当化とは、かつて可能であった全員参加型の民主主義が実用的な理由から不可能となったので、信頼される人びとによる議会を作った、というものである。序章で述べた規模拡大を背景とする議会制の正当化論も、この便宜的正当化の一例である。

しかし、実用的な理由から誰かが人民の代わりを務めるということならば、議会ではなくただひとりの人物によって民主主義を実現させてもかまわないことになる。* したがって、民主主義の歴史的変化から議会制の本質を導き出すことはできない。

シュミット自身が考える議会主義の本質は、公開の討論である。議会とは、さまざまな意見が公に表明され議論が戦わされる場にほかならない。さらに重要なのは、その討論からなにか絶対的な真理が生み出されてくるわけではない、という点である。議会主義による解決はあくまでも相対的なものにとどまる。

自由主義は整合的で包括的な形而上学的体系と見なくてはならない。〔自由主義といえば一般には〕私的諸個人の自由な経済的競争から、すなわち契約の自由、商業の自由、営業の自由から、利益の社会的調和とそして可能なかぎりの最大の富とが自ずから生ずるとなすところの経済的な論理だけを考えるのが普通である。しかし、すべてこれらの

* 自由民主主義下で生きる私たちの一般的な感覚とは異なり、人民の意志の同一性を実現できるのは議会を有する代表制民主主義に限られるわけではない。むしろ議会での論争が激化してまとまりがつかなくなったり、派閥争いが生じたりするのは、我々にとっても見慣れた風景である。逆に独裁であっても、シュミットによれば民主主義の決定的な対立物とはならず、両者が結びつくこともある。独裁政治のもとで人民の意志の同一化が実現されている限りは、独裁は民主主義の範疇に入ってくる。ポピュリストと称される政治家について、世論の支持という肯定的な文脈での議論と専制的という否定的な文脈での議論が相半ばするのは、民主主義と独裁との近接関係から生じる現象といってよいだろう。「近代議会主義と呼ばれるものなしにでも民主主義は存在し得るし、議会主義は民主主義なしにでも存在し得る。そして独裁は、民主主義に対する決定的な対立物ではないし、また民主主義は独裁に対する対立物でもないのである」（四四頁）と述べるシュミットにとって、〔議会制としての〕代表制は民主主義の本質的要素ではない。

ことは、一般的な自由主義的原理の一適用事例に過ぎない。競争から自ずと調和が生ずるのも、意見の自由な闘争から真理が生ずるのも、全く同じことである。実際また、ここにこの思想一般の精神的な核心が横たわっており、真理が意見の永久競争の単なる関数になってしまうという、この思想の真理に対する特殊な関連が横たわっている。これは真理に関して決定的な帰結に到達することの断念を意味する。(四八頁)

民主主義が同一性を基礎とするのに対して、自由主義の圏域に入る議会主義では利害の多元性や意見の相対性が重視される。つまり議会主義は、民主主義の内部で一体性の原理を実現させるために生み出された便宜的で非本質的な手段ではなく、むしろ民主主義と対立する原理をもった、別個の思想体系として把握されているのである。

第二次世界大戦後の二〇世紀後半は、自由主義世界において代表制民主主義が民主主義の決定的モデルとされた時代であった。議会は当然のように自由民主主義体制の内部に組み込まれていた。したがってこの二〇世紀後半型代表制になじんだ視点からすれば、自由主義と民主主義に分極化された議会制論は奇怪にみえなくもない。議会は人民の意志を代表する民主的な制度である、といういい方のほうがしっくりくるという人も少なくないだろう。

だが、代表制民主主義を自由主義と民主主義の合成物とする見方は、政治学の領域では通説といってよい。一般的には、中世の身分制議会以来国王権力を制限する自由主義的機関であった議会が、選挙権の拡大が進み普通選挙制が実現するとともに民主的性格を獲得し、ポリスで実施されていた全市民参加の民会を事実上代替する仕組みへと変質してきた、と解説される。したがって議会は、人民の意志を代表する機関であると同時に、権力抑制機構という自由主義的な出自から引き継いだ特徴をも兼ね備えることになる。

実際シュミットはこの理解に沿って、自由主義的な議会の権力抑制的な特性に注意を向けている。そのひとつが、公開性の要求である。絶対主義下での秘密主義的な政治とは異なり、自由主義では言論の自由や出版の自由、集会の自由が確立され、密室での恣意的な政治に対する防波堤となる。現代日本政治では悪い評判しか聞かなくなった議員特権*も、本来は権力者に対して意見を自由に表明するために工夫されたものである。

権力の分立と均衡も、自由主義的な議会の特性である。議会は公開の討論によって合理的

* たとえば、憲法第五〇条の不逮捕特権があげられる。「不逮捕特権とは、院外の現行犯を除いて、国会会期中と参議院の緊急集会中は、議員は逮捕されず、また、会期前に逮捕された議員は、議院が釈放を要求すれば、会期中釈放される事である。」（今村浩「議員特権」『最新版現代日本政治小辞典』ブレーン出版、二〇〇一年より抜粋）

な結論を導き出すが、その合理性は議会の全能を意味するわけではない。いかに合理的な結論といえども、相対性を自覚することが肝要である。シュミットによれば、「権力の分立においてて議会は立法府としての役割を演じ、しかもそれに止まるということは、均衡化の思想の根底をなす合理主義自体を相対的なものとなし、すぐ後に示すように、この体系を啓蒙時代の絶対的な合理主義から区別する結果となっている」（五三頁）。

しかも、権力の分立と均衡が議会主義の根本にある以上、議会はただ行政権や司法権との関係で均衡状態におかれればよいというわけではない。議会自体も均衡状態を形成するように方向づけられる。二院制などの制度的工夫ももちろんだが、各院内部でもさまざまな見解や政策が表明され、拮抗していなければならない。

異論の存在は、正しい結論に到達するまでの経過的状態とみなされるべきではない。反対派は克服されるべき障害ではなく、「議会および各院の本質」に属するものである。反対派のいない安定した議会は、議会と呼ぶに値しない。

しかしシュミットは、このような議会の本質が大衆民主主義の進展によって打撃をこうむったと考える。政党は経済的な利益団体の代表と化し、決定は少人数の委員会レベルでおこなわれるようになってしまった。有権者も政治宣伝に操作される傾向が強い。

議会制が本来前提としている公開の討論とは、単なる交渉や妥協を意味するものではない。異なる見解が相互にぶつかり合う状態が維持されなければ、議会の本質は失われてしまう。議会主義における討論とは、「相手に説得されるという心構えをもつこと、党派的拘束から独立していること、利己的な利害に捉われないこと」を前提条件とした、本格的な「意見の闘争」である（九頁）。代表論の言葉を用いるならば、委任代表型ではなく国民代表型の議員による討論が議会制の本質である。逆に、議員が圧力団体の代弁者となって自派利益の実現に固執するのであれば、議会での本格的な論戦は望めない。

だが、当時のドイツ議会はまさに議会主義の凋落のなかにあった。「党派の支配、事に即さないパーソナルな政策「素人《アマチュア》の政治」、絶えざる政権の危機、議会の演説の無目的性と浅薄さ、議会における作法の水準低下、議事妨害による議会解散の方法、議会主義自体を侮辱するような、急進的反対派による議員の諸特権（Immunitäten und Privilegien）の濫用、議会の威厳を損うような日当の使用、不正な議場の占拠」（二八―二九頁）などが蔓延していたのである。

大衆民主主義のただなかで、議会制は本質を見失い、ただ惰性によって維持されているだけであった。だからこそ、議会主義の危機に呼応して、民主主義思想の文脈のほうから、ナチズムのように人民の意志の同一性を強調する潮流が呼び出されてくることになる。

人民の意志は半世紀以来極めて綿密に作り上げられた統計的な装置によってよりも喝采（acclamatio）によって、すなわち反論の余地を許さない自明のものによる方が、むしろいっそうよく民主主義的に表現され得るのである。民主主義的な感情の力が強ければ強いほど、民主主義は秘密投票の計算組織とは違った何ものかである、という認識がますます深くなって行くのである。技術的な意味にとどまらず、また本質的な意味においても直接的な民主主義の前には、自由主義的思想の脈絡から発生した議会は、人工的な機械として現れるのに反して、独裁的およびシーザー主義的方法は、人民の喝采によって支持されるのみならず、民主主義的実質および力の直接的表現であり得るのである。（二一五頁）

このように、議会主義が適切に機能せず、本来の「意見の闘争」が実現されないなかで、喝采型の民主主義による同一性の実現が期待されるようになる。議会制の機能不全は、より直接的な民主主義の採用をシュミットに思い描かせるようになっていったのである。

自由主義的ではない代表制理解へ向けて

シュミットの民主主義論、喝采による独裁論は、私たちの歴史的経験を踏まえるならば、到底受け入れられるものではない。喝采によって、少数意見の存在を無視した虚偽の同一性が民主主義に導入されることはあきらかだからだ。

だが、一体性を実現する民主制と多様な意見のせめぎ合いの場としての議会主義という対比の構図自体は、現代の自由民主主義にも踏襲された考え方だといえる。シュミットの時代には堕落の極みとみられていた議会制は、その後の自由主義社会において、逆説的にもシュミットの理解に沿う方向で評判を回復させていく。

二〇世紀後半の政治は、各種の団体が議会を通じて社会内の利害を政治過程に注入していくという競争型モデルを採用していた。日本も同様で、今でこそ利権政治の代名詞として悪名高い五五年体制だが、他方でそれこそが高度成長の果実を日本にもたらしたことも認めないわけにはいかない。

各種の団体による活発な競争は、シュミットが期待した「公開の討論」を代替するものとみることができる。競争によって、不透明な取引や妥協の悪影響は除かれ、社会的な権力の分立と均衡が実現される。議会制の現代的なヴァージョン・アップといってもよいだろう。二〇世紀後半の議会制民主主義論は、シュミット的な二分法を維持しながら、民主主義と議会主義の評価を逆転させ、議会制論の枠内で民主主義を実現させたのである。

しかし、シュミットのモデルに依拠した視点だけから問題を考察するのは不十分であるように思われる。というのも、このような見方は、議会制民主主義と代表制民主主義とを同一視し、両者をまとめて自由主義的な思想や制度として提示することによって、逆に民主主義の本質を直接民主主義と同一視させる効果をもつからだ。すなわち討論や権力分立は本来の民主主義を制限するためにあとから付加された自由主義的要素であって、それをとり除いた民主主義の骨格部分は直接制なのだ、という理解である。

この理解がなぜ問題なのか。それは、民主主義を直接民主主義と同一視するとともに、直接民主主義を人民の一体性や同質性に重ね合わせてしまうために、民主主義自体にも本来ふくまれているはずの意見の多様性が軽視されかねないからである。

シュミットが多様性と討論を自由主義的な議会制の問題領域に押し込め、民主主義と独裁を無媒介に結びつけるに至ったことを思い出してほしい。自由主義的な議会制と民主主義の区別という論理構成自体が、こうした結論を招き入れてしまうのである。

シュミット自身も、直接民主制の採用だけで単純に人民の意志が出現するわけではないという点には気がついている。以下の引用をみてみよう。

法律的にも政治的にも社会学的にも、現実に同等な何かが問題なのではなく、同一化が問題なのである。選挙権の拡張、任期の短縮、人民投票制の導入と拡大、約言すれば、直接民主主義の傾向あるいは制度とみなされるすべてのもの、およびすでに示したごとく、どこまでも同一性の思想によって支配されているところのものは、たしかに一貫して民主主義的ではあるが、しかしいかなる瞬間にも現在する現実における（in realitate praesente）絶対的、直接的な同一性を実現することは決してできない。現実の同等性と同一化の結果との間には、常に距離がある。幾百万の人々が賛成か反対かの投票を行って決定がなされるとしても、あるいは一人の人間が投票を行わずして国民の意志を表すとしても、ないしは人民が何らかの方法で「喝采」をなしてその意志を示すとしても、人民の意志はもちろん常に人民の意志と同一である。すなわち問題は、この意志がいかにして形成される（gebildet）かにかかっているのである。（三七―三八頁）

シュミットにとっても、人民の意志はなんらかの手段によって「形成され」なければならない。喝采もひとつの方法であろうが、代表制もそのための技法のひとつである。

代表制は、議会の歴史と結びつくかぎりでは、たしかに自由主義と一体化する。しかし、人民の意志が即自的に存在しえない以上、民主主義とも切り離すことができない。自由主義と民主主義の両者にまたがって機能するのが代表制の特徴であり、シュミット的な二分法でその働きをあますことなく描ききることはできないのである。

したがって、シュミットのように議会制が危機に陥っていると判断したとしても、直接民主主義に移行するだけで危機を脱することができるわけではない。代表制の危機とは、民主制の主体である人民の多様性を討論の形では適切に扱うことができなくなった、ということを意味する。問題は、討論でないならなにによって人民の多様性に対処するか、ということである。その点に関しては、直接制も代表制と同様の課題に直面せざるをえない。

議会制と代表制を自由主義のもとで一括して理解するという通説的な思考方法は、論理的に導き出されたというよりも、二〇世紀後半に自由民主主義が高い信頼性を得てきたという政治の現実に由来するものである。だが、議会制への不信が高まって自由主義の地位が低下し、民主主義的な要素が強く望まれるようになると、議会制と代表制の同一視は大きな問題を引き起こすことになる。

公開性と討論による権力抑制機能が軽視される危険が生じるだけではない。なによりも深刻なのは、議会という仕組みを失った民主制では、人民の意志のまとまりをどのように形成していくかという、それまでは代表制が引き受けてきた課題について、検討する必要がないかのような錯覚が生じてしまうという点である。

直接民主主義であっても、実際には人民の意志をどのように形成するかについてなんらかの仕組みを考案しなければならない。つまり、いかなる民主制も代表民主制を悩ませてきた問題を素通りすることはできないのである。

この論点が、前の章で述べた代表概念の二重性に関連することも頭に入れておきたい。日本における議会改革論でもそうだが、議会制批判は、政治家と市民との対立という文脈に位置づけられることが多い。逆にいえば、人民の意志・市民の意見を歪みなく政治に反映させるために、議会制を迂回する方法がみつけ出されれば、問題は解決すると考えられている。ちょうどシュミットが、議会の腐敗を目にして、民主主義に期待をかけたように。

だが実際には、代表たる政治家は市民の意見や利害をそのまま直接政治に反映させているわけではない。市民の意見や利害をどのように政治に反映させていくかについて、政治家は創意工夫を凝らし、ときに民意に反して行動することもある。

これは、市民が直接政治活動をおこなう際にも直面する問題である。身近な仲間同士ならば見解はさほど違わないだろうが、市民全体では意見の多様性はふくれ上がる。政治家の権益を排除しただけで〝民意〟がまとまるわけではない。けっきょく市民も、民意をどのように代表するかという代表の二重性問題を避けることはできない。

この問題を正確に見定めようとするならば、シュミット的な二分法のように議会制を自由主義とのみ関連づけてはならない。議会制を民主主義の範疇で理解することにより、市民間での分断という問題の所在をみきわめることができるのである。

第二節　シュンペーターの〝エリート主義的民主主義論〟

現代の代表制批判は、シュミット的な自由主義と民主主義の区別を踏襲することで、直接民主主義への強い志向をもつようになった。その特徴が顕著に表れているのが、シュンペーターの民主主義論に向けられた厳しい批判である。

「古典的民主主義学説」との対比で現代の民主主義モデルを提示するシュンペーターは、選挙と政治家に重点をおいた〝エリート主義的民主主義論〟の代表者と目され、シュンペーター理論こそが二〇世紀後半の民主主義論の通説であったとされている。したがって、シュンペーター型民主主義への批判は、代表制批判の中心に位置することになる。

シュンペーターは一八八三年生まれのオーストリアの経済学者で、ケインズと同じ世代に属する。福祉国家の基礎をなすケインズ主義理論に対して、資本主義におけるイノベーションの役割を重視した動態的な経済理論を提唱した。しかし、政治理論そのものについての言及は多くはない。

シュンペーター型民主主義論と呼ばれるのは一九四二年に出版された大著『資本主義・社会主義・民主主義』（中山伊知郎・東畑精一訳、東洋経済新報社、新装版一九九五年）の第四部で、そこでは古典的な民主主義学説と比較する形で現代版民主主義の定義が示されている。重要な部分なので、引用しよう。

古典的学説についてのわれわれの主要な難点が次の命題に集められていたことは、いまだ記憶に新たなところであろう。すなわち、「人民」はすべての個々の問題について明確かつ合理的な意見をもち、さらに進んで――民主主義においては――その意見の実現につとめる「代表」を選ぶことによって、自己の意見を実行に移さんとするものであるとの命題がこれである。かくてこの説によれば、民主主義的装置の第一義的な目的は、選挙民に政治問題の決定権を帰属せしめることにあり、これに対し代表を選ぶのはむしろ第二義的なこととされる。さてわれわれは、この二つの要素の役割を逆にして、決定を行なうべき人々の選挙を第一義的なものとし、選挙民による問題の決定を第二義的たらしめよう。これをやや言い替えるならば、われわれはここで、人民の役割は政府をつくること、ないしはあらためて国民的行政執行府または政府をつくり出すべき中間体をつくることにある、という見解に立つことになる。かくて次のごとく定義される。すなわち、民主主義的方法とは、政治決定に到達するために、個々人が人民の投票を獲得するための競争的闘争を行なうことにより決定力を得るような制度的装置である、

と。（四二九―四三〇頁）

民主主義が人民による自己決定を意味するということであれば、「選挙民による問題の決定を第二義的」とするシュンペーターの立場は、民主主義の顚倒以外のなにものでもない。選挙という制度上の特徴をもつにもかかわらず、この理論が〝エリート主義的民主主義論〟と呼ばれるゆえんである。

シュンペーターがこれと対比する古典的学説は「民主主義的方法とは、政治的決定に到達するための一つの制度的装置であって、人民の意志を具現するために集めらるべき代表者を選出することによって人民自らが問題の決定をなし、それによって公益を実現せんとするものである」（三九九頁、傍点早川）と定義されているから、強調点の移動はあきらかである。両者ともに代表制の枠内での定義であり、その意味では古典的学説も直接民主主義を示すものではない。だが、代表を通じて人民自身が決定を下すという立場と、代表が問題決定の主役であるという立場とのあいだに大きな隔たりがあるのははっきりしている。

では、シュンペーターはなぜ古典的学説を退けたのであろうか。その根底には、公益概念に対する不信感がある。

人民が決定の主役であるためには、〝公益〟や〝共通の利益〟や〝公共の福祉〟など、人民に共有された共通の意志がなければならない。しかし、実際には一義的に定義できる公益というものは存在しない。それは人民が私益に走りがちだという愚民観ゆえではなく、「公益なるものの内容が個々人や集団のあいだでおのおの異ならざるをえないといういっそう基本的な事実」(四〇一頁)にもとづく見解である。

また、かりに公益を定義できたとしても、個々の問題の解決方法について具体的な手順が示されるわけではない。したがって、最終的に「人民の意志ないし一般意志(*volonté générale*)なる特殊の概念は空中に霧散してしまう。というのは、この概念は、万人に識別しうる一義的に規定された公益の存在を前提条件としているからである」(四〇三頁)。

シュンペーターの議論が、部分的には大衆の合理性に対する疑念から生じてきていることは否定できない。古典的学説について論じた章の三節目は「政治における人間性」と題されている。この題は、政治において人間が発揮する合理性には限界があると説いたグレアム・ウォーラス(一九世紀末から二〇世紀前半にかけて活躍したイギリスの政治学者・社会学者で、『政治における人間性』は現代の科学的政治学の先駆とされる)の著作名にちなんだものである。シュンペーターも同じように、人びとが群集心理に左右されやすいこと、経済学での消費者の非合理性と同様に政治においても市民の責任感や知識、判断力には限界があると考えられること、したがって人民の意志とは政治家や利益集団による「つくり出された意志」(四二〇頁）である可能性が高いこと、等々を指摘している。

大衆の政治的能力の限界が議論の基礎となっていることからすれば、シュンペーターの民主主義論がエリート主義的と批判されることにも理由はある。だが、エリート主義的な要素だけでシュンペーターの議論を説明し尽くせるわけではない。シュンペーターの民主主義論を理解するには、それが『資本主義・社会主義・民主主義』の議論全体のなかでどのような位置を占めているか考えてみることが重要である。

一九四二年という出版年や題名からもわかるように、この本は社会主義が大きな影響力をもつ時代に、将来の政治の行方を予想しつつ執筆された。この本でシュンペーターは、資本主義がみずからの発展の結果として解体し、社会主義的な社会形態が出現するという見通しを示す。そして、第二次世界大戦後に訪れるであろう社会主義体制の現実化を見据えて、それが経済的にも成功する可能性があると結論づける。

第四部の民主主義論は、こうした資本主義からの社会主義の誕生と、社会主義経済の実現可能性を踏まえた上で、社会主義体制のなかでも民主的な政治運営が可能かどうかを検討するものであった。

この問題に対してシュンペーターは、先の定義にもあるように民主主義とは政治的決定に到達するための方法、制度的装置にほかならず、そうした装置は社会主義においても採用されうる、と答えている。

シュンペーターは、社会主義を「生産手段に対する支配、または生産自体に対する支配が中央当局にゆだねられている――あるいはこうもいえると思うが、社会の経済的な事柄が原理上私的領域にではなく公共的領域に属している――ような制度的類型」と定義している。ただし、「中央当局――または「中央局」ないし「生産省」という――が必然的に絶対的な権力をもつとか、執行に関するいっさいの主導力がすべてそこから生ずるとかいうような意味あいでの中央集権制を指示しようとするものではけっしてない」とも論じられる。「中央局ないし生産省は自己のプランを議会ないし国会に提出せねばならぬ」とされ、「個々の産業や工場の管理者のごとき、「現業に当たっている人」には、ほとんどたいていの自由が与えられる」とも述べられる（二六二―二六三頁）。

したがって、社会主義と民主主義の両立は不可能ではない。民主主義的手続きはブルジョア世界に由来するものではあるのだが、資本主義が消滅したとしても「総選挙、政党、議会、内閣、首相等は、社会主義秩序が政治的決定のために保留すべき議題を処理するのに、おそらくもっとも便利な手段たることが判明するであろう」と結論づけられるのである（四七九―四八〇頁）。

ここでシュンペーターが危惧しているのは、中央集権的な統制経済と中央集権的な政治体制の組み合わせによって自由のない社会が出現する可能性である。それに対して人民の意志を重視するのが民主主義だと反論しても効果はない。なぜなら、人民の意志を具現すると主張していたのは、中央集権的な方向性をもつ社会主義論のほうだったからだ。

投票獲得のための競争というアイデアは、この集権的傾向への対抗策としてもち出されたものであった。したがって、冷戦期を迎えつつある当時の時代的文脈においては、エリート主義的といわれるシュンペーター理論こそが、社会主義が生み出すエリート主義に対する防波堤の役割を担っていたということになる。以下の言葉は、シュンペーターのそうした関心を示すものといえるだろう。

> 民主主義的方法が、同じような環境のもとで他の政治的方法の許容しうるよりもいっそう多くの個人の自由を保証するとは、必ずしもいえないことをわれわれは知っている。むしろ逆の場合さえもありうる。けれども両者の間にはなお関係が存在する。少なくとも原理的には、各個人が自ら選挙民のまえに打って出ることによって政治的主導力獲得の競争に参加する自由をもっているものとすれば、このことはたとえすべての場合についてではないとしても大部分の場合に、す﹅べ﹅て﹅の﹅も﹅の﹅に﹅対﹅し﹅て﹅相当量の討論の自由のあることを意味するものといえよう。(四三三―四三四頁)

このように、シュンペーターの議論で、〝人民の意志〟や〝一般意志〟の非合理的で曖昧な性格が強調されているのは、人民の意志を体現すると語る社会主義に対抗する必要があったからである。したがって、人民の意志の非合理性を暴くといっても、その裏側で合理的な人民の意志や正しい人民の意志の存在が前提とされているわけではない。また、優れたエリートであれば真の人民の意志を体現することができると主張しているわけでもない。人民の意志は、ただ単にそれそのものとしては存在しない、というのがシュンペーターの立場である。

多数の意志と人民をめぐる次のような主張も、同様の観点から理解することができる。

およそ古典的民主主義学説を受けいれ、したがってまた民主主義的方法は人民の意志に従って問題を決定し、政策の形成を保証するはずであると信じている人はすべて、たとえその意志がまごうかたなく真実かつ明確なものであったとしても、単なる多数決による決定が、多くの場合に人民の意志を有効にするよりはむしろそれを歪曲するであろうという事実に直面せねばならないであろう。大多数の意志はあくまでも大多数の意志であって、「人民」の意志でないことは明白である。人民の意志は大多数の意志によってはとうてい「代表」されえない積み木細工のごときものである。定義によって両者を

同一視することはけっして問題を解決するゆえんではない。(四三四―四三五頁)

批判対象となっている古典的学説が多数決主義と同一視されている点に、シュンペーターの問題意識をみることができる。それはシュンペーターが〝人民の意志〟内部における意見の違いや多様性に着目していた、ということを意味する。人民の統一された意志こそかえってイデオロギーや利益集団に左右される危険性をもつ。だからこそ、社会主義の隆盛を前にして人民の合理性に対する疑念が表明されるのである。

人民の意志はあらかじめ想定可能なものではない。ある見解が人民の意志であるかどうかは個別具体的な検討の対象にならざるをえない。最終的に人民の意志が実現される可能性がないわけではないが、安易にそれに寄りかかることは危険を伴う。人民の意志が本当に人民の意志であるといえるかどうかは、「向う見ずな肯定や同じく向う見ずな否定によってかたづけらるべきものではない。相争ういくたの証拠の迷路をたんねんに鑑定評価することによってのみ答えうる」(四〇五頁)ような問題である。

したがって、シュンペーターにとって代表とは、単に人民の意志を議会が反映することを意味しない。人民の意志は統一された人格ではないし、議会が統一体としてなにかを代表できるわけでもない。

およそ言葉に意義あらしめんがためには、委譲とか代表とかの言葉はこれを個々の市民に結びつけて用うべきではなく、――中世の荘園についての教義ならそうすべきかもしれないが――、全体としての人民に結びつけて用いねばならぬ。しからば全体としての人民そのものは、たとえばそれを代表するはずの議会にその権力を委譲するものであるというふうに言い表わされねばならぬはずである。けれども、法律的には人民の委託を受け人民を代表することができるのは、ただ一個の（肉体的にも道徳的にも）個人である。フィラデルフィアにおいて一七七四年から開催された植民地連合議会――いわゆる「革命議会」――に代表委員をおくったアメリカの各植民地および各州は、実際にこれらの代表委員によって代表されていた。けれども、人民全体としてはなんらの法的人格をもっていないのであるから、各植民地および各州の人民については、議会に自己の権力を委譲するとか、人民全体が議会によって代表されるとかいうことは、法律的にはまったく無意義のことになる。しからば、議会とはいったい何であるか。その答えは遠くに求める必要はない。それは政府や裁判所とまったく同様に国家の一機関にほかならない。もし議会がいやしくも人民を代表しているとすれば、それは当然われわれがこれから明らかにしていかなければならぬ別の意味においてそうしているにすぎない。

（三九五―三九六頁）

「別の意味」とは、現代型の民主主義の定義で示された、競争により選出された職業的な政治家からなる議会を意味する。シュンペーターにとっての民主制と代表制とは、人民の意志が道徳的・倫理的のみならず技術的・制度的にも不安定性や不定型性をもつことを前提とした上で、政治家間の競争という制度上の工夫に重点を移し、社会主義下での存続可能性を示したものだったのである。

ここまで検討してきた上で、それでもシュンペーターの民主主義論を〝エリート主義的民主主義論〟と意味づけることは妥当といえるだろうか。シュンペーターは人民の意志という理念を徹底的に解体し、現実を直視する立場を取った。それゆえにいわゆる民意にもとづいた政治ではなく、政治家の競争に力点をおく民主主義論が生まれてきた。

民主主義を政治家の支配に限定し、有権者が選挙以外での介入をできるだけ避けるべきだという論調は、エリート主義的ではある。だがこのエリート主義は、政治家が人民よりも優秀であると主張しているわけでも、政治家に任せておけば民主主義は適切に運営されると主張しているわけでもない。エリートの支配が理想的だからではなく、人民の一体性を当然視することができないからという理由で、シュンペーターの競争モデルは導入されているのである。

シュンペーターがエリートの支配を理想化していないことは、議論のなかで政治家のリーダーシップやその育成過程にかかわる問題が重要な位置を占めていることからもわかる。民主主義的方法が成功するためには「政治の人的素材――政党組織に属する人、議会で働くべく選ばれた人、閣僚の椅子につく人など――が十分に高い資質をもっていなければならぬ」とされ、そのような政治家を確保するために「自分の当然の天職として政治に従事する社会階層――それ自体きびしい淘汰過程の産物である――が存在すること」が望まれている(四六三―四六四頁)。

シュンペーターの民主主義論は、代表制批判が顕著な現在の政治状況からみると、エリート主義的なのかもしれない。だがそのエリート主義が、〝人民の意志〟から距離をとろうとするこころみであることも認識しておく必要がある。

この距離感がなければ、〝人民の意志〟は無反省な専制支配を生み出しかねなかった。社会主義的な〝人民の意志〟との対決を迫られたがゆえに、〝人民の意志〟の非現実性を鋭敏に察知し、それに立ち向かったのがシュンペーターの民主主義論だったのである。それをエリート主義的民主主義論と呼ぶのであれば、他方でエリート主義的民主主義論であることにも注意を向けなければ、公正な扱いとはいえないだろう。

第三節　直接制と代表制は反対概念か？

直接民主制とアテネの民主政*

シュンペーターの民主主義論は、〝人民の意志〟から意図的に距離をとろうとするものであった。それは、彼の代表制が直接制の単なる代替物ではないということを意味している。直接制が規模の上で実現不可能だから仕方なく擬似直接制としての代表制を採用しているのではなく、代表制にはそれ自体として採用すべき理由があった、ということである。

また、こうした考えは、シュミットのように民主主義と議会主義を対立させる構図とも衝突する。シュンペーターが現代民主主義を「すべてのものに対して相当量の討論の自由のある」制度だと論じるとき、自由主義的な議会制・代表制を媒介としているにもかかわらず、すべての市民の政治参加という民主主義の中核的な要素も導入されていると考えられるからである。

実のところ、直接民主制対代表民主制という一般に流布している構図は、必ずしも正確とはいえない。現代の代表民主制も、国民投票・住民投票や国民発案などの制度が付け加えられていることが通例で、直接民主制と代表民主制の混合形態だと論じられる。

しかし、混合形態なのはなにも現代の民主制だけではない。しばしば直接民主制の典型として称賛される古代アテネの民主政でも、実際の制度運営は、現代の私たちが思い浮かべるようなものとはずいぶん異なっている。

アテネの直接民主制を論じる場合、よく引き合いに出されるのは、民会の運営方法である。民会は現代でいえば立法府、すなわち国会に当たるものだが、選挙選出の議員による現代の議会とは異なり、成年男子市民全員が参加することができた。また、単に参加するだけではなく全員が発言する権利をもっており、決議の際にも全員が投票権を行使できた。

アテネ民主政での政治参加は、単にその場所にいるということだけを意味するのではない。発言によって議論の主導権を握ることまでふくめて、平等な参加の権利が実現されていたのである。

全員参加となると頻繁に開催することはむずかしかったのではないか、と想像されるかも

＊　本書ではほとんどの場合で「民主制」という表記を用いているが、これは直接制や代表制などの制度面に着目しているからである。「民主政」は、君主政や貴族政などいわゆる政体としてみた場合の区別に対応した表現である。ただ、後のアリストテレスの翻訳からの引用にもみられるように、君主制や貴族制、民主制などの表記もあり、厳密な区別はむずかしい。本書では、翻訳部分との相性や論じている内容を考慮しながら使いわけるようにしている。

しれない。だが、実際には年四〇回の定例会が開かれていた。成年男子市民の人口はおよそ三万人程度と想定され、重要な決議についての定足数はおそらく六〇〇〇人にのぼった（橋場弦『丘の上の民主政――古代アテネの実験』東京大学出版会、一九九七年や、伊藤貞夫『古典期アテネの政治と社会』東京大学出版会、一九八二年を参照）。現代では六〇〇〇人での議事進行を想像するのはむずかしいだろうから、これもまたアテネの参加民主主義の底力を示しているともいえる。

また議題についても、アマチュアはアマチュアなりに簡単なテーマを、というようなものではない。民会の議題には、開戦や終戦の判断から兵士の動員まで外交や軍事関連事項が多く、市民は生命にかかわる重大な選択を迫られた。代表者ではなく市民が集い国政の重大テーマについて決定するこのような集会こそ直接民主制の原イメージであり、ルソーがあこがれた光景なのである。

しかしながら、民会に目を奪われていると見落としてしまう要素もある。アテネの直接民主制は、民会のみによって運営されていたわけではない。そもそもどのような議題を民会に上程するかについては、評議会という小さな機関で先議されていた。

評議会は全員参加ではなく各部族からの選出制である。任期は一年で二期連続での重任はできない。だが、生涯で二度までは選出されることが可能であった。祭日等を除けば毎日開催されるこの評議会は、アテネの行政の中心、〝アテネ政府〟といってもよいものであり、財政業務全般について広範な権限を有し、役人の弾劾などの司法機能も担っていた。アテネは民会による直接民主制を採用してはいたが、民会による直接民主制がアテネの政治のすべてというわけではなかったのである。

また、行政実務にあたる行政官、役人も当然ながら必要とされた。そこで採用されていたのが、抽選による選出という仕組みである。評議会議員も公職者として抽選で選ばれており、アテネの政治では抽選が行政官の一般的な選出方法であった。およそ七〇〇あった行政官職のうち、六〇〇が抽選で選ばれていたとされる（Bernard Manin, *The Principles of Representative Government*, The Cambridge University Press, 1997, pp. 11-12）。

抽選ではなく選挙で決められていたのは、卓越した能力が必要とされる将軍など少数の重職に限られる。抽選で選ばれる職の場合、任期は原則一年で再任は不可とされ、単独ではなく複数人からなる同僚団が運営に携わった。

現代において行政官と民主主義とを結びつけるのは、資格試験による公正で平等な競争である。つまり有能さを示すことさえできれば誰でも行政官になれるという意味での平等性が重要だと考えられている。

しかしアテネの民主政において行政官を民主主義と結びつけるのは、有能さを示す機会の平等ではなく、抽選という偶然性に支配された選出手続きと短い任期である。いい換えれば、行政職が回ってくる機会が全市民に平等に割り振られているということが、アテネの民主政を支える原理のひとつとなっていたのである。空間的にではなく、時間軸に沿って展開されたローテーション型の全員参加システムといってもいいだろう。

さらに、全員参加とローテーションの組み合わせだけでアテネの政治が成り立っていたわけでもない。誰でも〝議員〟として発言でき、誰でも〝公務員〟として勤めることができるシステムとは、誰もが責任を追及されるシステムでもあった。

当時のアテネにおける公職者の弾劾は苛烈を極める。アテネには抽選で選ばれる民衆裁判所があり、公職者の執務審査と弾劾の機関としての役割を果たしていた。とりわけグラフェー・パラノモンという制度にアテネ民主政の厳しさが表れている。

市民は民会に提起された案件について、提案者を名指しで、不法であると訴えることができた。しかも、審議中の案件だけでなく、すでに可決されたものについても訴えを起こすことが可能であった。訴えの結果として不正が認められた場合、提案者は罰金を科される。すでに可決された法が覆される可能性もある。罰金は少額のこともあるが、多額の場合には市民権の剥奪に至ることもあった。民会での議論を主導する権利は誰にでもあったが、実際にそうするには相当のリスクを覚悟しなければならなかったのである。

また、民主制の転覆や民会・評議会での収賄行為などの場合、市民や公職者の弾劾裁判もおこなわれた。弾劾裁判の結果、有罪判決が下された場合、ことの重大さに鑑みて死刑が宣告されることも多い。つまり、政治参加は容易で、試験を経なくても役人になれるのだが、その機会を悪用しようとした場合には命にかかわるということになっているのである（橋場、伊藤、Manin らの前掲書のほか、澤田典子『アテネ民主政――命をかけた八人の政治家』講談社、二〇一〇年も参照）。

したがって、制度上は政治参加が容易なアテネの直接民主制でも、参加をするための心理的なハードルはけっして低かったわけではない。弾劾のシステムの存在を知りながら民会で発言するには、かなりの勇気を必要としたであろう。

また公職者はローテーションの原理にしたがっていると書いたが、抽選の対象者になるかどうかについては自主的に選択することができた。つまり、立候補制を前提にした上での抽選ということになる。民会での発言についても、行政官職への就任についても、たとえ機会が平等にあたえられていてもその責任は重く、自発的に一線を踏み越えて政治にかかわっていくという重大な決断が必要だった。

これは、選挙による選抜制ではない。だが、自発性を保った形でありながらも、なお一種の選抜制ではあったのである。

現代における直接民主制の一般的なイメージは、市民が直接政治にかかわりやすい一方で、無責任な発言や行動によって衆愚政に陥りやすい、というようなものであろう。これに対して参加を重視する立場からは、市民は代表たる政治家に比べて一般に能力が低いわけではなく、衆愚政は必然の結果ではない、という反論が示されることが多い。しかしこれらの立場は、表面上は相反しているようにみえるにもかかわらず、共通点をもっている。直接民主制では責任を問うシステムが備えられていないとみなしているという点である。

これに対してアテネの民主政をみると、直接民主制は責任を問うシステムと両立しないわけではないということがわかる。むしろ、直接民主制が責任を問うシステムと両立しないと考えるのは、特定の直接民主制と代表民主制のモデルを唯一のものと決めつけているからにすぎない、といえるだろう。

責任を担うシステムであるからこそ、その直接民主制は誰もが気軽に参加できる政治体制ではなかった。責任を問うための、一種の代表制も導入されていた。アテネのいわゆる直接民主制は、参加者の責任を厳格に問う混合型の民主政だったのである。

直接民主制の形

以上のように、アテネの政治は、民会における参加、発言、議論だけによって成立していたわけではなかった。それ以外に抽選による選抜制の行政官も存在していたし、少数ではあるが将軍や財務官など選挙によって選ばれる要職もあった。また、市民参加の責任を問うための司法制度上の工夫もあった。

民会を直接民主制とみなすのならば、それに付随して制限を加える諸制度は直接民主制とは異なる特性を示す。現代民主政が代表民主制に直接民主制の要素を付け加えているのであるならば、アテネ民主政も同様に、直接民主制に代表民主制の要素を付け加えている。したがって、単に市民の直接参加をもってアテネと現代のデモクラシーを分かつのには無理がある。両者のあいだには、民主政にかかわるもっと根源的な思考のスタイルの違いがある。

以下ではマナンの著述に依拠して考察を進めるが、それによるとアテネ民主政の中心的特徴は民会への全員参加ではなく、抽選制度の採用にあるという。デモクラシーは、統治する者と統治される者が一体であるということを意味するのではなく、役職がローテーションで皆に回ってくるという原則を中心に組み立てられているとされる。

民主主義の中心となる原理は、人々が統治者であると同時に統治される者でもなければならないということにあるのではなく、全ての市民が交代でこの二つの立場を占めることができなければならないということにある。……(中略)……いい換えるならば、民主的な自由とは、自分自身に従うことにあるのではなく、今日は誰かに服従するが明日はその誰かの地位を自分が占める、ということにあるのである。(Manin, p. 28)

抽選は、選挙と同じように多くの人びとのなかから誰かを選抜する方法である。したがって、民会への参加と発言という形での直接民主制ではない。だが、抽選はすべての人が順番に直接参加できる可能性を開いている。この意味での平等性、すなわち権力の地位に就く可能性がすべての人に開かれていることこそ、アテネのデモクラシーの根幹だとされるのである。したがって、民会への参加と発言の平等性も、統治者と統治される者との同一性を保障するものというより、弾劾の危険を冒してでも参加を希望する者には必ず機会があたえられる、という意味に理解されることになる。

選挙と抽選の違いは、選挙では有権者が望むかぎり再選が可能であり、特定の人物が再選され続ければローテーションの原則が働かないという点に明確に現れている。アテネでの抽選制度が再選数の制限と組み合わされていたことを思い出していただきたい。しかも、任期は短い。したがって抽選制では、必然的に多くの人に役職に就く順番が回ってくることになる。

現代では、抽選はあまり注目される選抜システムではない。それは、選挙が世襲制との対決のなかで民主的な政治制度としての地位を確立してきたという歴史的経緯による。世襲制も選抜システムのひとつであるが、公職に就けるかどうかが血統によって決まるため、就任の機会に関して平等な制度とはいえない。これに対して選挙は、少なくとも立候補と就任の機会がすべての人びとに開かれているという点で、相対的に平等性の高い制度である。世襲制と比較した場合のこの選挙の民主的側面は、現代の代表制を民主的な制度として理解する際の中心的な論拠といえる。

しかし、抽選による選出は、選挙よりも高度な平等性を実現することができる。なぜなら、各市民が選出されることを望むかぎり、ローテーションによって公職就任の機会が巡ってくる可能性は、選挙で当選するチャンスに比べてもはるかに高いからである。したがって、世襲は問題外としても、選挙と抽選は同じく市民から少数の者を平等に選抜するシステムであり、ただし選抜をおこなう際の考え方が根本的に異なる、ということになる。

以上のことを考え合わせると、少なくともアテネとの比較においてみた場合、古代のいわゆる直接民主制と現代のいわゆる代表民主制との違いは、選抜システムがあるかないか、つまり直接参加か間接的代表かという違いではなく、ふたつの異質な選抜システム間の違いとして理解することも可能だといえるだろう。

直接民主制は抽選による公職のローテーションを中心に据える制度であり、代表民主制は選挙による公職の選抜を重視する制度である。直接民主制に関しては、民会への直接参加を中心とする理解のほかに、参加機会が選挙よりも広範に分配される公職の抽選制を軸とした理解もありうるということである。

直接民主制を民会への参加中心に理解するのであれば、代表制における政治家は市民の総体がもつ民意を反映するものとみなされなければならない。民会に集う市民が民主政の本体である以上、代表は主役を可能なかぎり尊重する形で行動しなければならないからである。

他方で、もし直接民主制をローテーションの原理から理解するのならば、選挙を中心にする代表民主制とは選出の制度における違いがあるだけである。したがって、代表制を直接制に対する二義的な代替物と考える必要はない。それぞれの選出制度の特徴を踏まえた上で、その得失をみきわめればよいということになる。

直接制と代表制は、片や市民の参加と民意の反映、片やエリートへの委任、という形で対立関係にあるわけではなく、基本理念が異なるふたつの選出システムとして、並列的なものと考えることも可能なのである。

第四節　代表制理解の可能性

(1)　混合政体としての代表制論

前節で、抽選と選挙を対比しながら、両者が性質の異なる民主的な選抜システムであると述べた。それでも、両者のあいだには民主政との関係において大きな違いがあるともいえる。

世襲制との関係では民主的な性格が際立つ選挙だが、抽選と比較した場合には、再選により特定の人物が長期にわたって公職を占める可能性がある。つまり、相対的に反民主的な性格をもちうるのである。日本でも、選挙をおこなっているにもかかわらず特定の政治家の影響力が長期化し、二世議員が多く誕生していることは周知の事実である。

もともと政治思想史においては、古代ギリシアのアリストテレス以来選挙と民主政を切り離して論ずる傾向も強い。アリストテレスは『政治学』で以下のように記す（山本光雄訳、岩波文庫、一九六一年）。

役人が籤に当った者であることは民主制的で、それが選挙された者であることは寡頭制的であると思われている、また役人になるのに財産高をその資格としないことは民主制的で、資格とすることは寡頭制的であると思われている。だから両方の国制から両方のことを、すなわち寡頭制からは選挙された者を役人にすることを、民主制からは財産高を資格にせぬことを受け入れることは貴族制的であり、また「国制」的である。（第四巻第九章）

ここでアリストテレスは、選挙を民主制でなく寡頭制に結び付ける考え方を紹介している。寡頭制とは、役職が富にしたがってわけあたえられる制度のこととされるので（第四巻八章）、選挙は富裕者が選ばれやすい制度だと認識されていることになる。

こうした考え方自体は、選挙運動の規制や財産制限の撤廃を実現してきた現代民主主義の水準からすれば、すでに克服された過去の議論といえるかもしれない。だが、選挙と民主制をいったん切り離すという発想自体は、現代の民主制でも大きな意味をもつように思われる。というのは、たとえ選挙がどれだけ民主的な役割をはたすとしても、それが政治家としての一定の能力を評価基準としているという点で、優れた人を選ぶ制度になっているということは否定できないからである。

選ぶ基準が富ではないとしても、選挙において選ばれた人は有権者と同等ではありえない。第三章で「もっとも高い能力を持つもの」という辞書的な意味を確認したが、代表には何か選ばれる理由がなければならないのだ。

この場合、「高い能力を持つ」という言葉を狭く理解してはならない。たとえば、国際関係に詳しいとか、エネルギー問題について専門的な知識をもっているとか、議会で諸会派間の交渉役として有能であるとか、そのようなことだけが能力が高いということの意味ではない。

もっと緩やかな基準、たとえば職業政治家のように権力や資金の獲得に拘泥することなく、一般の市民の視点から政治を進めていくことができるということも、「能力が高い」ということにふくまれる。いい換えるならば、〝庶民派の政治家〟は庶民であるだけで選挙に当選するわけではない。庶民派の政治家が選ばれるためには、有能な庶民でなければならないのである。

このことは、民主的な政治制度としては傍流となった抽選と比較してみるとはっきりする。抽選で、しかも任期が短く区切られていれば、一定の期間内にあらゆる市民が政治関連の職に就く可能性がある。しかし、選挙ではそうではない。再選制限がない場合、有利になるのは、市民のなかでも評価の高い限られた人びとである。したがって、選挙は抽選に比べると、市民が政治家として活動するチャンスを制約する政治システムだといえる。

日本では、二世議員・世襲議員の比率が高いとしばしば批判される。しかしそれは、選挙という制度が実施されているにもかかわらず生じている事態ではない。選挙という制度が実施されているから、そのような事態が生じやすくなっているのである。

私たちは、多くの場合に選挙を、選ばれる側ではなくて選ぶ側の視点から考える。一九世紀以降選挙権が拡大し、二〇世紀には多くの国で普通選挙が実現した、というストーリーは、選ぶ側、つまり有権者の視点からみるならば、市民参加が拡大したという意味で、民主主義のサクセス・ストーリーとなる。

しかし、選ばれる側からみた場合、どんなに被選挙権が拡大されたとしても、選出される者は一定の優秀さを評価された人に限られる。民主主義における平等が、能力による差別を禁ずるということを意味するのであれば、投票することにおいてのみならず、投票されることにおいても能力による差別は許されない。したがって、選挙という回路を経なければならないとしたら、それがどれほど広範な投票権を伴う普通選挙であろうとも、無邪気に民主主義と呼ぶわけにはいかないということになる。

話は少し戻るが、シュンペーター型民主主義論に対する批判の問題点は、選挙それ自体にふくまれるこのような非民主主義的要素と、選挙それ自体にふくまれるわけではない非民主主義的要素を明確に区別していない点にある。

派閥闘争や利益追求の政治は、代表制民主主義に内在する害悪ではない。直接制の形式をとったとしても、派閥や階層利益がなくなることはないだろう。逆に、代表制の形式を保ったままでも、制度的工夫や規制強化により負の要素の影響を小さくしていくことはできる。他方で、制度的工夫や規制強化によって、代表制にふくまれるすべての非民主的要素を除去することができるわけではない。選挙による選出が優れた特性を評価することで可能になるのであれば、それは害悪というよりも代表制に内在する貴族政的要素であるといえる。

そもそも、ピトキンの代表論をみてもわかるように、代表制ほど原理的に不安定な制度はない。代表制とは、人民が参加していながら純粋な人民主権ではない、つまり民主主義だといいながら純粋な民主主義ではない政治制度である。それがなぜ二〇〇年以上も維持され続けてきたのだろうか*。

この点について十分な理解がないままであれば、代表制は惰性のままで存続し続けるだけ

＊　日本の状況に当てはめていい換えると、日比谷焼打ち事件から安保闘争や直近の原発をめぐるデモをふくめて、これほどの街頭行動の伝統がありながら、それでもなおかつ代表制が廃止されなかったのはなぜなのか。それを明らかにしないかぎり、代表制批判は生産的にはならない。

であり、したがって批判と無用論は繰り返し浮上してくることになる。そして、代表制がなぜ必要とされてきたのかが不明なままに唱えられる直接民主制も、けっきょくは散発的なエピソードとして継続していくだけになってしまうのではないだろうか。

では、代表制が生き残るにあたって、どのような要素が貢献してきたのであろうか。マナンによれば、代表制のひとつの特徴は、それが単なる民主政ではなく、一種の「混合政体」になっていることにある（Manin, pp. 145-156）。混合政体論とは、王政にせよ貴族政にせよ民主政にせよ、単一の政体は不安定で循環してしまうという考え方をもとにしている。*

王政が腐敗すれば僭主政となる。それを倒して貴族政がうちたてられるがそれもまた寡頭政に堕落する。民主政がこれを正すが、いずれは衆愚政治から無政府状態に陥り、けっきょく王政に立ち戻る。このように不安定な状態が続けば、政治体の繁栄は期待できない。

これに対してローマの政体では、王政的な要素である執政官、貴族政的な要素である元老院、民主政的な要素である平民会が同時に備わり、安定した政治運営と長期にわたる繁栄が実現したとされる。

選挙はそれ自体が貴族政的要素と民主政的要素をあわせもち、混合政体に似た働きをする制度である。本章ではこれまで抽選と比べた場合の選挙の非民主的性格を強調してきたが、他方で普通選挙においては成人市民が差別されることなく平等に政治に参加できる制度であることも明白だ。選挙は非民主的であると同時に民主的な制度であり、選出された代表も民主的な性格と非民主的な性格の両方をあわせもつ。

選挙にもとづく現代の代表民主制のむずかしさは、この民主的側面と非民主的側面がひとつの制度のなかに同居しているという点にある。誰もが政治家という職業に携われるわけではないという非民主的な側面を強く批判するならば、代表制そのものを廃棄しようということにもなるだろう。しかしそれは、代表制の民主的機能をも同時に放棄することを意味する。それよりも、代表制の非民主的側面にも一定の意義を見出しつつ、民主的側面の維持をはかるのが、混合政体論としての代表制擁護論ということになるだろう。

実際、非民主的性格をもつ選挙が、それにもかかわらず抽選を圧倒して近代以降の民主制の中心になってきたのには理由がある。抽選と違って、選挙は市民が自分たちの意志で政治を運営するという考え方とセットになっている。

抽選の場合、自分たちの意志とは無関係な偶然の力が働くことによって、公平性が確保さ

＊ 古代ローマ共和政を混合政体と解釈するポリュビオスの理解から、権力分立という現代的な理念へと発展的に継承されていく歴史的過程については、犬塚元「混合政体論」(『イギリス哲学・思想事典』研究社、二〇〇七年)が簡潔に説明している。

れる。したがって恣意的な判断の入る余地はない。これに対して選挙では、すべての市民の意志が数えられることによって公平性が確保される。抽選ではすべての市民が関与しないことによって、選挙では逆にすべての市民が関与することによって、政治が特定の派閥に偏らないように制度設計がおこなわれているのである。

選挙は、市民の意志の力によって民主主義を実現しようとする制度である。ただしそれゆえに、市民は意志をどのように用いるか、自分なりの基準をもたなければならない。そして基準をもつことは、優れた人材を選ぶことにつながり、結果として選挙の非民主的性格を表面化させることになる。

私たちは通常、自分たちの考えに合わせて政治を動かしていきたいと願う。世襲制の政治に対する民主制の特徴は、市民が上位者の力に依拠するのではなく、みずからの力によって統治することにある。たとえ非民主的要素が顕在化する可能性があるとしても、市民の意志による自治という理念を前提にするかぎりは、選挙は捨て去ることのできない制度なのである。

しかも、優れた者を選出するという選挙の特性は、非民主的な意味合いをふくむとはいえ、必ずしも批判のみされるべき特性ではない。アテネでも、将軍職や財務など特に有能さを必要とする職務については選挙が用いられていた。

選挙はたしかに非民主的要素をふくむが、世襲のように特定の血筋にある者だけしか役職に就けないわけではない。選挙の非民主的性格は、制度のもつ非民主的〝傾向〟とでもいうべきもので、〝傾向〟は有権者が積極的に拒否すれば反転させることもできる。世襲制においては政権交代は革命でもないかぎりありえないが、選挙においては有権者の選択によって平穏な政権交代が可能なのである。

選挙が混合政体のような働きをするということの意味は、優れた者を選出するという貴族政的な機能を、有権者の判断によって民主的にコントロールすることができるということなのだ。逆にいえば、市民がコントロールしようとしないのならば、選挙という制度それ自体は貴族政的な効果を伴いつつ作動する。したがって、代表制は、市民参加を不要としない。逆に、市民の参加こそ、代表制の生命線である。良くも悪くも、市民の政治への関与が、代表制民主主義の性格を変えてしまうのである。

(2) 代表民主制が育む直接民主制

代表制の現代的な危機

代表制は、民主的要素と非民主的要素を組み合わせることによって、市民の意志を尊重しつつ政治課題に対応することを可能にしてきた。その意味では、曖昧さと不安定さが内在し、危機こそが常態であった。しかしながら、異なる要素のバランスをとりつつ、長期にわたって相対的な政治の安定を何とか保ってきたともいえる。

ところが、現代の〝代表制の危機〟は、この代表制に内在する不安定性だけに起因するものであるともいい切れない。現代の危機は、代表制という制度そのものの問題というよりも、むしろ新しく生じてきた直近の政治的諸課題による部分が大きいからである。

現代の社会状況は、代表制誕生当時の世界からあまりにも大きく隔たってしまっている。熟議についての章で述べたように、現代は再帰的近代化が進んでいる。ソーシャル・メディアを通じた大量かつ高速な情報の流通により、人びとは情報の信頼性を十分に検証する間もないままに周囲の社会状況を判断しなければならない。経済政策にしてもエネルギー問題にしても安全保障にしても、さまざまな見解が瞬時に現れては消えていくため、どれが正しくてどれが誤りなのかを判断するのは容易ではない。

メディアの発達以外にも、世界中を飛び回り多様な文化に触れる人たちも多くなった。賛否両論はあるが、どの国も多文化型の社会へ向けて対応していかざるをえない。そこで争点の多様化と細分化が起こり、これまでは問題とみなされてこなかった生活スタイルや価値観までもが流動化していく。

現代日本の国政選挙を振り返るだけでも、憲法改正、経済政策、災害対応、エネルギー問題、社会保障、少子高齢化問題、非正規労働、教育問題、日米関係、アジアの国際関係、基地問題、歴史認識、政治家のリーダーシップ、選挙制度改革、等々数えはじめれば出てくる争点にはきりがなく、何が主たる争点なのか判断することすらむずかしい。争点数に応じて政党数も増大し、相互の違いをみきわめるのに困難を覚えるほどである。

なにを重要な争点と考えるか、各争点について何が正しい情報であるとみるか、難度の高い争点について正しい解決方法はなにか、各争点が自治体・国・国際社会のどのレベルにまで影響を及ぼすのか。これらひとつひとつについて、有権者の判断は細かくわかれざるをえない。また、技術や環境の変化によって、正しいと思われる解も時々刻々変化する。有権者は細分化・断片化し、判断も流動化するため、政治的判断の必要なあらゆる局面で激しい議論が発生する。

現代日本でも小政党の分立状況が生じているが、それは比例制を含んだ選挙制度の影響だけではなく、争点構造の細分化に対応したものでもあると考えるべきだろう。現代の政治的対立は、大集団間の衝突であるよりも、市民あるいは小集団間で日常的に生じる細かい政策論争の集積であるといったほうがよいかもしれない。

だが代表民主制は、今のところこうした状況に対する制度的な解決策をもっていない。むしろ、代表民主制の歴史的な発展は、こうした現状への対応をむずかしくする方向へ進んできていると考えられる。

代表民主制の歴史のなかでもっとも大きな変化のひとつが、大衆政党の登場である。もともとの代表民主制は、地方名望家と有権者との個人的なつながりを基盤としていた。有権者数が少なかったため、有権者の意志、つまり民意は、名望家の言動に直接反映されていた。その意味でならば、制限選挙はかえって民主的だったのである。

しかし、選挙権の拡大によって普通選挙が実現するとともに、個人としての名望家ではなく、組織としての政党が代表制の主役となってくる。党首を頂点に指揮命令系統が整備され、党官僚の役割が増大し、政策体系の組織的決定プロセスが機能するようになる。中央と地方の連絡も密になり、指導が行き渡るようになってくる。

こうしたなかでは、代表たる政治家も選挙区の有権者に向き合っているだけでは足りない。広範な支持を集めるために、個人的なつながりではなく、組織的なつながりが必要となる。有権者も、自分の意見を政治家に伝えることではなく、自分の意見と合致する党の政策体系を支持することで代表と結びつこうとする。大衆政党を媒介とした代表民主制においては、選挙権が拡大したことによって、民意は反映されにくくなってしまう。

たとえば、日本でもしばしばとり上げられる党内民主主義の問題を考えてみよう。党内民主主義の重要性が論じられる際には、党の政策体系に対して党内の政治家が異なる見解をもっている場合が多い。そして、当該政治家の地元の有権者も、みずからの意見を政治に反映させるために、党内民主主義の重要性を主張する。

しかし、選挙区有権者の主張を政党に認めさせようというだけでは、党内民主主義を主張する根拠としては不十分である。代表制が名望家中心の制度から大衆政党中心の制度に変質している以上、党内民主主義は、どの時期に（選挙前か、選挙後か、等々）、どのような仕組みで（党首に強い権限を認めるか、合議制を重視するか、等々）、政治家と有権者の意見を政策体系に反映させていくかという制度設計の問題を無視することはできない。意見を反映させることそれ自体は、問題の一部分にすぎないのである。

多様化した市民の意向をまとめ上げるのがどれほど困難かについては、公選制論の章でも熟議の章でも論じてきた。ひとりの政治家とひとりの有権者が個々に関係をもてば、表面的には市民の意見が政治に直接反映されるように感じられるだろう。しかし実際には多様な意見のごく一部が直接的につながっているにすぎず、政治システム全体としてはかえって断片化が進んでしまう。作られたつながりのかたわらには、切り離された別の〝民意〟が、表現される道筋もないままおき去りにされることになる。

市民全体が話し合ったとしても、断片化への対応が改善されるという制度的な保証はない。断片化に対処しようとする政治家間の努力が、市民間の努力というレベルへと移行するだけで、けっきょくそこでなんらかの制度的な工夫が必要になってくることに変わりはない。

繰り返しになるが、代表制が断片化する根本的な原因は市民の意志が断片化しているからである。政党が担ってきた機能を他のなにかで代替しようとしても、それが市民の意志を反映するというモデルに依拠しているかぎりは、切り離された市民の意志の問題に悩まされ続けることになる。では、代表制とリーダーシップと熟議のあいだで、民主主義はどこに進むべき方向を見出せばよいのだろうか。

代表制の民主的理解

実は、私たちの視点を少し変えるだけで、現代政治の仕組みと働きはかなり異なってみえてくる。そして、視点を変えることで、私たちの代表制の使い方も、大きく変わってくるように思われる。

私たちは、ごく当たり前のように、政治とは民意の実現であり、政治家とは民意を反映する媒介者であると考える。だがこれまでみてきたように、現代における民意は、細分化し流動的で、組織化するのがむずかしい。端的にいえば、〝民意〟という何かひとつの事物があるというようにイメージするのは誤りである。

民意と呼ばれるものが民主主義にとって重要なのはいうまでもない。人民の意志を反映することは民主主義の基本である。近代政治社会を基礎づけてきた契約論的な政治理論が重視される理由もここにあった。選挙にもとづく代表民主制も、世襲政治との比較のなかで、市民が自分たちの意志と力で政治の方向を決定していく点を評価されて広く支持を集めてきた。意志の力を重視するがゆえに、抽選という別種の民主主義的な制度が駆逐されたということは、先に述べた通りである。

代表論においても、有権者の意志が重要だと考えられるからこそ、権威付与や委任代表の論理が強い力をもってきたといえるだろう。有権者の意志を実現するのが代表の役割であるからには、代表たる政治家は有権者の考えにしたがって行動しなければならないということになる。日本国憲法もふくめ、各国憲法等で国民代表の理念が表明されながらも、委任代表の考え方がなくならないのは、意志にもとづく民主制論の影響である。

しかし、民主主義にとって、市民の意志の反映は重視されるべき事柄の一側面にすぎない。ウルビナティ（Nadia Urbinati, *Representative Democracy: Principles and Genealogy*, University of Chicago, 2008）によれば、代表制の役割は、「意志」（will）というよりも「判断」（judgment）の領域に働きかけることにあるという。

この場合に意志ということで意味されているのは、現在の定まった意見、変化することのない静的な見解で、時間的な推移に重きがおかれていないものである。あらかじめ定まった意志が前提とされるのであれば、政治過程はその意志を表現するための道具的な価値をもつだけになってしまう。

これに対して判断は、人びとの意志がさまざまに異なっていて、時間の経過とともに議論や行動のなかでやりとりされ変化していくことを重視する。意志が不定型であるがゆえに、判断することが必要になってくるのである。

そして判断が重要だと考えるのであれば、選挙でも投票という行為と集計結果だけをみていればよいということにはならない。選挙の機会に、またその準備や事後をふくめて、異なる意志をもつ有権者のあいだで議論がなされ、能動的な政治が実現されることが、代表制の本質だということになる。

これは一見したところ熟議民主主義に似た主張であり、直接制を志向する議論であるかのように思える。だが、意志ではなく判断を重視する場合には、代表制のほうが直接制に比べて有利な面もある。

この論点については、代表制批判論から振り返ってみるのがわかりやすいだろう。代表制を批判して直接制の優位を説く議論は、通常の場合、代表が民意を適切に反映しないということを理由にあげる。逆に、直接民主制のメリットは有権者の声が歪められずに政治に反映されることにある、ということになる。

しかしながら、有権者の声が歪められずに政治に反映されるということは、そのままの意志が尊重されて判断が入る余地がないということにもつながる。判断という観点からみた場合には、直接民主制は意志にあまりにも重点をおきすぎているのである。

熟議民主主義論が、選好の変容というアイデアを通じて、単なる意志ではない判断の要素を組み込もうとしているのはたしかである。だが、そこには制度的に意志と判断を切り離す仕組みが存在しない。意志や選好の変化を引き起こすための工夫は、複数の視点から編まれた資料の提示や異なる見解をもつ専門家からの助言という形で組み込まれている。だが、それらは選好が変化する可能性を高めるとしても、変化しない意志が結果としてそのまま表明されることを妨げるものではない。

これに対して代表制では、いかなる意志も制度上ひとまず政治への反映を阻止される。市民の意志は、代表者を通して表明されなければならないからである。代表という制度を使うことで、意志は有権者から強制的に切り離されるのである。

代表は有権者の意志を受けとりはするが、それでも代表者は有権者自身ではない。ルソーの言葉にしたがえば、「意志というものは代表されるものではない」。だからこそ、代表は判断の領域に踏み込むことができる。しかも、意志をそのまま表現するわけにいかないからこそ、齟齬の解消のために民主的な議論が喚起され、活発な政治参加の必要も生じてくる。

論点を明確にするために極端な形で表現するならば、代表制の特質は、そして代表制の意義は、直接民主制と比較して民意を反映しないことにあるのであり、民意を反映しないことによって民主主義を活性化させることにあるのである。*

念のために付け加えると、有権者の分断に対処するために代表者による判断が必要だとしても、代表者の有能さに依拠したエリート主義の立場をとる必要はない。代表者が優れた能力をもっていることは望ましいかもしれないが、そうでなくとも代表は代表であることそれ自体によって総合的な視点と判断力をもつように強いられる。なぜなら、多数の有権者によって選出される代表は、特定の個人や集団の民意だけを尊重することはできないからである。

しかも、会社組織にせよ労働組合にせよ組織型の選挙の退潮があきらかになり、流動性を特徴とする無党派層の影響が大きくなった現代の選挙では、こうした状況はなおさらよく当てはまることになる。

代表は、高い能力ゆえに良質な判断ができるのではなく、自身の意志実現を図る直接民主制的な政治主体ではないという制度的な位置づけによって、必然的に客観的視点からの判断を下さざるをえない立場に追い込まれるのである。

場合によっては、市民よりも能力的に劣った政治家が選挙で選ばれることもあるかもしれない。その場合にも、その政治家が民意を直接に表現していると主張できなくすることによって、もう一度政治の行方を考え直す空間を用意しているともいえるだろう。

さらにいえば、これは、代表制を採用したとしても市民の意見をとり上げることになんら矛盾はないということも意味している。代表を民意から切り離すことが制度的な工夫にとどまる以上、有権者の見解を政治家の見解に比べて本来的に劣っていると考えるべき理由はないからである。

判断の質において直接民主制が劣るという理由で代表制が採用されているわけではない。したがって、代表制を採用しても直接民主制を否定する必要はない。むしろ、代表制という安全装置が採用されているからこそ、安心して直接民主制を活性化させることができる。

住民投票の例でいえば、議会制民主主義は住民投票を否定するものではない。だが逆に、住民投票が民意のぶつかり合いに終わらないようにするためには、議会制民主主義という制

＊ 代表制が民意を反映することではなく、民意を切断することに注意を払ってきたという点については、拙稿「代表制民主主義におけるつながりと切断」（宇野重規編『政治の発見④ つながる』風行社、二〇一〇年）で詳しく論じた。

度の存在は必須である。代表制と直接制は、民主主義が適切に機能するために必要とされるふたつの同等な制度なのであり、両者が否定し合う必要はどこにもない。

混合政体としての代表制について述べたところで、代表の民主的性質と非民主的性質という複層性について論じた。今、そのふたつの層のうち民主的な層が信頼性を失いつつあるのは、代表制そのものの問題というよりも、再帰的近代化の影響が大きい。

ならば解決は代表制の外側から民主的な層の活動を援助することに求められてもよい。そうすれば、非民主的性質にふくまれるプラスの効果を維持しながら改革をすすめることも可能になる。代表制を擁護することで、問題解決への道が開けるのである。

現代民主主義においては、有権者の意見と、議会の意見が乖離しているといわれる。民意が反映されず、政治家という特権的な階級が民主主義を蔑ろにして私的な利害の争いに没頭している、というのが一般的な批判の流れである。

だが、もし政治家の争いが「私的」と批判される理由が、単に市民各々の意志とかけ離れているということだけにあるのならば、その批判は妥当ではない。曖昧で不定型な民意を、あらためて考え直し議論して政策体系に昇華させることが代表制の意義である。それをも民意からの離反だと批難するのであれば、それは議論や思考を拒否する点で、むしろ反民主的な政治を生み出しかねない。

市民にとって必要なのは、政治家の利己的な行動と民意から距離をおいた議論とを的確に区別すること、そして政治家の議論が適切なものだと容認できる場合には、常に市民の意見の動きや変化を伝えて政策論争の材料を提供することである。直接民主主義を推進しながらも、それを代表制再生の触媒とすることこそ現代の民主制運営に必要なスタンスであり、どんなに回り道に思えようとも、民主主義を維持発展させるためのもっとも広い道なのである。

終章

本書全体の議論をまとめておこう。何よりも、代表民主制は、政治体の規模が巨大化したために仕方なく直接民主制に代わって導入された必要悪ではない。

代表制批判が強まる現代において、ひとつはリーダーシップの強化という観点から、もうひとつは市民間の議論を活性化させるという観点から、それぞれ首相公選制論と熟議論が提出されている。これらは、首相公選制論においては市民と首相が議会を介さず直接結び付くという形で、熟議論においては市民が直接立法府に取って代わるという形で、ある種の直接民主制論を展開している。しかし、両者とも直接民主制を民主政治の原モデルとし、代表民主制を逸脱したモデルと捉えることに変わりはない。

これに対して、代表概念をめぐる論争をみてみると、代表制度の働きは単純ではないということがわかる。代表の特徴とは、代表する者が代表される者の意見を忠実に再現するという側面と、代表する者が代表される者の意見に束縛されず一定の見解と行動の自由を有するという側面の、ふたつの矛盾する要素が同時に存在するところにある。しばしばあれかこれかという二者択一の形で論議される両者であるが、むしろこの矛盾した要素が併存するということこそ代表概念の強みであるといってよい。

代表制民主主義も、この代表概念の二重性を受け継いでいる。シュンペーターの定義をエリート主義的とする批判があるが、代表を重視するということと代表をエリートと考えることは必ずしも同じではない。むしろ代表制の根本には、民意の多様性と流動性を認め、民意から切り離された形での政治的議論を活性化させようというアイデアがある。その場合には、代表制は民意を受けとりながらも、その多様性に注意しつつ議論をおこない、さらに民意の流動性を踏まえてつねに直接民主制的な政治活動と連絡をとり合いながら政治を進めるという形をとる。したがって、代表制は直接制とは異質な独自の意義を有する政治制度ということになる。

他方で、代表制の独自性は、直接制を否定するものではない。民意の多様性が前提とならなければ代表制の意義はなくなるのであるから、代表制は直接制の活性化を図るべきである。代表する者が代表される者と一体化しながら切り離されているという二重性は、政治家が有権者と一体化しながら切り離されているという二重性に具現されているのである。

こうした視点から、首相公選制と熟議論について、もう一度振り返ってみよう。首相公選制は、民意がそれ自体では統一されていないということを前提にしている点で、現代の民意の多様性・流動性を正面から受け止めている。決められない政治をリーダーシップによって打開しようとする試みは、単に政治家のあいだでの不和を乗り越える試みではなく、民意の分断を乗り越える試みでもある。「ふわっとした民意」という表現は、民意の恣意的な解釈にもとづく独裁を意味するのであれば許容できるものではない。だが、統一的な民意の不在を前提とした上で政治家の力量により民意を方向づけていくというのであれば、決して民主主義に違背するものではなく、有権者にアピールする力をもっている。

ただし、公選制はあくまでも政治家個人の資質や技量に多くを負う制度である。ひとりの人間が多元的な民意を同時に代表することは不可能であるから、公選首相の選出は政策の善悪というよりも、リーダーの提供する物語の魅力に左右されるところが大きい。政策と異なり、物語の魅力については多数の人間が合意可能であるから、有権者は公選首相との一体感を感じやすい。市民に直接選ばれるというだけではなく、この一体感の面からも、公選制は直接民主主義の色彩を強く帯びることになる。そしてストーリー・テリングの効果がもっとも際立つのは、政策論争においてではなく、他政治家の資質に対する批判の局面においてである。政治腐敗が顕著で既成の政党や政治家に対する批判が強まっている状況や、決断力のない政治家と対比される状況で、首相公選制は強く支持されることになるのである。

だが、対比されるべきマイナス要因が消失したとき、あるいはそうしたマイナス要因に対する批判が次第に減衰したとき、公選首相の魅力も低下し、それまで水面下に隠れていた政策的な対立は表面化する。結果的には、たとえ強いリーダーが一時的に現れても、政策上の対立は解消されていないことがあきらかになる。それでもなお公選制が望ましいかどうか。この点が公選制を論ずる際の根本的な争点である。

熟議もまた、首相公選制と同じように、民意の断片化・流動化を深刻に受け止めている。人びとの意見が異なっているからこそ、討議がおこなわれ、市民各々が自分の意志をあらためて考え直し、必要だと思えば選好を変えなければならない。単に今そこにある民意が尊重されるだけではなく、その民意を有権者みずからが政策体系にまでまとめていくという点で、民主主義は徹底されている。民意の問い直しがふくまれるということは、たとえば単なる国民投票・住民投票やイニシアチブなどの試みに比べても、直接民主主義がいっそう民主化されているということを意味している。

だが熟議民主主義の難点は、民意の問い直しをおこなう主体がそのまま民意の主体でもある、という点にある。あらかじめもっている民意と、問い直される民意とのあいだにある距離は、制度的に確保されているものではなく、市民や有権者の自覚と努力に依拠している。多段階での討議の繰り返しやバランスのとれた専門的解説は、民意の見直しを容易にはするであろう。だが、見直しをおこなう有権者が同じ人物であることに変わりはない。したがって、熟議が成功するためには、有権者の政治教育や政治体験の積み重ねも重要になる。これを負担と感じるか、市民として当然の政治参加と感じるかによって、熟議への評価も変わってくることになる。

代表制は、これらの直接民主制的な試みとは異なる思想を背景にしている。首相公選制は魅力的なリーダーによって、熟議は政治に積極的にかかわる市民によって、曖昧な民意に形をあたえることを試みる。だが代表制は、代表と市民という二重の主体を用意することによって、民意の多様性に対応しようとする。

市民は、民意の主体ではあるが、まとまった全体的な政策体系をあらかじめもっているわけではない。そこは民主的な議論の出発点であるが、到着点ではない。代表は、民意の主体たる市民の選好を受けとり、それを明確な政策体系にまとめあげようとする。

市民にとってみれば、本来有している民意が他人によって変化させられることになるので、その意味では民意は歪められる。だが民意の変化こそが政策の実現を可能にする。

また、市民のなかでの見解の相違が議会において再現されるため、市民間での熟議は先行するモデルを獲得することになる。代表に民意の変化を委ねることもできるが、市民間の熟議がおこなわれれば代表の議論を方向づけることもできる。市民間の熟議は、今度は逆に代表の議論のモデルとなる。代表制は直接制を排除するものではないが、直接制的な手法を用いるかどうかについては市民に決定権がある。代表制は、代表と市民という二極の主体を用意することによって、民主制を動的に運営することを可能にするのである。

このような代表の機能は、直接的には民意を反映しない。そのうえ、代表の議論だけでは政治的決定にまでいたることがむずかしいため、市民からみた場合にはわかりにくく、面倒でもある。代表による議会での討議を眼前にしながら、二番煎じのように市民みずからも議論をおこなうことが望ましいとされるからである。もし代表だけで話が決まらないのであれば、最初から市民が討議をすればよいという結論も出てきかねない。

だが、二重の討議はけっして無駄な作業ではない。市民のあいだに意見の相違があることを尊重するからこそ、単に市民自身で決めることはせず、二重の討議の場を作って、両者の相互作用のなかで丁寧に民意を形成していく。それが代表制の基本なのである。

民主主義は人民による政治である。だが代表制においては、「私たちこそ人民である」と断言することは誰にも許されない。この〝人民〟そのものを練り上げていこうとする制度が代表民主制にほかならない。

人民による政治を実現するためには人民の政治だけでは足りないというのが代表制の主張である。その意味では、代表制は民主主義に対してもっとも批判的な民主制だといえるかもしれない。だが、どんな政治制度でも多くの場合欠点があるのが普通である。そして、みずからの欠点を認めない政治の仕組みは、歴史上しばしば政治的な破局をもたらしてきた。

人びとの多元性が増大する現代において、政治的な破局は許されないと私たちが真剣に考えるならば、たとえどれほど面倒で無駄に見えようとも、代表民主制の思想と工夫は無視できない重要性をもっているといえるのではないだろうか。

あとがき

代表民主制は面白味のないテーマである。革命やデモのような華々しい光景とは縁遠いからだ。逆に、政治家による利権の独占や、大衆の政治的無関心など、民主主義の観点からはマイナスの要素ばかりが目についてしまう。

しかし、政治不信の責任をすべて代表制に負わせるのも、短絡的すぎる。さいわいにして、海外には代表制の思想史とも呼べるような研究の流れが存在している。それを導きの糸として、代表制擁護の立場から政治の現状を考察してみたのが本書である。

海外の研究を輸入すればそれでよいというものではない。だが、長らく市民参加の拡大が課題とされてきた日本では、逆に代表制論は手薄である。それならば、海外からの刺激も受けつつ、あらためて首相公選論や熟議論を考察することに意味もあるだろう。

また、日本独自の代表制の思想史を叙述することも不可能ではない、という予感もある。これからの課題ではあるが、序章に引用した福澤の文章はそうした可能性を示唆しているものだと私は考えている。

本書は一般書ということもあり、全体的なアウトラインと、限られた数の事例を、仮説的に提示したにすぎない。また、争点を際立たせるため、あえて極論を記した部分も多い。全体構成がこれでよいのか、事例の選択は適切か、各パーツの解釈は妥当か、といった学術的な問題は、今後あらためて詳しく検討する必要がある。

不十分なアウトラインにすぎない本書をそれでもおおやけにしたのには理由がある。個別の思想家研究では代表制論がたびたびとり上げられるのに、それらをまとめた全体図がみあたらないからだ。全体図なしにすすむ研究のタコツボ化は、かえって代表制からの離反を加速させるだけだろう。「代表制という視点からの思想史や理論史は不要なのか」という問題提起として、本書を受けとめていただきたい。もっと適切なアウトラインが描けるという批判は、筆者にとってむしろ大歓迎である。

本書の刊行にあたって、立正大学入試センターの職員の皆さんに御礼を申し上げたい。二〇〇七年四月から二〇一三年三月まで、筆者は同センター長を務めた。一般企業でいえば営業職であり、出張や学内調整などに多くの時間を費やすこととなった。研究者としてのキャリアを捨てる気は毛頭なかったが、実質的に研究ルートに戻れなくなってしまう可能性も頭をよぎらなかったわけではない。

だが、結果的にはなんとか研究活動を継続することができた。職員の皆さんが、研究者としての私を尊重してくれたからである。しばしば、大学の自治や教授会自治ということがいわれる。その自治が、事務職員をふくめて多くの大学関係者によって支えられていることを学んだ六年間でもあった。入試前日は毎年泊まり込みの設営作業で、夕食は近所からとった店屋物をみんなで囲んだ。その思い出が、本書執筆に際して私のささえのひとつとなっていたことを、ここに書き留めておきたい。

また、本書の内容やアイデアの一部は、「〝熟議〟に潜む対立激化」（読売新聞朝刊、二〇一一年一月三一日）、「投票と愛――AKBから考える日本の総選挙――」（立正大学オープンキャンパス模擬授業、二〇一三年八月一七日）および北海学園大学における日本政治学会でのコメント（分科会「代表制の政治思想」、二〇一三年九月一五日）において公表している。関係各位、特に学会分科会にお誘いいただいた小田川大典氏、同分科会で興味深い報告をいただいた小林淑憲氏、田畑真一氏にあらためて御礼を申し上げたい。

風行社の犬塚満氏から本書の執筆について最初にお声がけいただいたのは、二〇一〇年の年末だった。当初の完成予定から大幅に遅れることになり、大変申し訳なく思っている。また前記のような勤務校での事情もあり、初稿はかなり完成度の低いものであった。そこからどれだけ挽回できたかはわからないが、もし多少なりとも文章や内容が改善されているとすれば、かなりの部分を出版社の校正・見直し作業に負っていることはまちがいない。感謝の念をここに記したい。もちろん、本書の欠点はすべて筆者の責めに帰するものである。

早川　誠

二〇一四年六月一一日

索　引

＊項目名とまったく同じ言葉ではなくても、意味を考慮して頁を採択しているケースもある。
＊３頁以上連続する場合は、3-6 のように示してある。
＊一語が２頁にまたがっている場合は、7=8 のように示してある。

■た行

■な行

■は行

■ま行

■や行

■ら行

●著者紹介

早川誠［はやかわ　まこと］

1968年生まれ。東京大学法学部卒業、東京大学大学院法学政治学研究科修了。博士（法学）。現在、立正大学法学部教授。専門は現代政治理論。主な著書・論文に、「多元的国家論——伝統と革新による自由の実現」『岩波講座政治哲学第4巻　国家と社会』（岩波書店、2014年）、「代表制民主主義におけるつながりと切断」『政治の発見第4巻　つながる』（風行社、2010年）、『政治の隘路』（創文社、2001年）などがある。

選書〈風のビブリオ〉1

代表制という思想

2014年6月30日第1版第1刷発行
2021年10月10日第1版第5刷発行

著　者　早川　誠
発行者　犬塚　満
発行所　株式会社風行社
〒101-0064 東京都千代田区神田猿楽町1-3-1
Tel. & Fax. 03-6672-4001　振替 00190-1-537252
印刷・製本　中央精版印刷株式会社
装丁　坂口　顯

ISBN978-4-86258-084-9